W0325896

CAROLINE GILLET & AMÉLIE FONTAINE

I LIKE EUROPE

PAROLES D'UNE GÉNÉRATION DE PORTO À RIGA

ACTES SUD JUNIOR

"Nous ne tombons pas du ciel,
mais poussons sur un arbre généalogique."
Nancy Huston, *Bad Girl*.

On était en 2012, on avait bientôt trente ans. Chaque jour dans les médias, il était question de crise. Et, si l'Union européenne avait été créée pour, entre autres, prévenir les conflits et apaiser nos peurs des différences, le continent semblait gagné par un profond sentiment de repli. L'Europe, c'était devenu des bureaucrates en costumes et des institutions opaques montrées du doigt. La monnaie unique et les frontières sans visa étaient menacées et l'on commençait à parler de "génération perdue". Avec la reporter Aurélie Charon, nous nous demandions comment on devenait adulte sur un continent morose. On se disait que l'on aurait aimé, aux mots graves répétés en boucle, répondre par des visages et des histoires de jeunes Européens. Et redonner la parole à cette génération.

Depuis, il y a eu quarante-trois rendez-vous, dans quinze pays. Les témoignages des jeunes sont devenus des chroniques radiophoniques diffusées sur France Inter. Amélie Fontaine a rejoint le projet et, pendant que Caroline Gillet faisait les interviews radio, elle dessinait. On avait ensuite vingt-quatre heures dans les capitales européennes pour fabriquer, à partir de ces rencontres, des vidéos en sons et dessins. Nous avons pris des bus, des métros, des trams, des taxis fous et on a voyagé dans un coffre de "Smart", serrées. On a vu la mer à Nicosie et la neige à Riga. On a perdu une écharpe par ville, et à chaque fois qu'on s'est installées, on s'est bien sûr dit : "Je viendrais bien vivre ici." On a mangé des sushis au fromage fondu à Athènes et des *pierogis* à Cracovie, on a appris des mots qu'on a ensuite oubliés, on a été emmenées dans des endroits géniaux et improbables, on s'est assises devant des cafés, des thés, des *rakias*, par terre ou sur un lit pour écouter. C'étaient des propos intelligents, touchants, drôles, parfois durs, mais jamais découragés.

Si être adulte, c'est avoir la liberté de ses choix, les dix personnes qui s'expriment ici sont à la lisière de cela. Ils ont tous des histoires personnelles liées à celle de leur pays et, face aux récits des grands-parents, aux idées des parents et aux interrogations d'aujourd'hui, ils se sont engagés : ils ont questionné leur héritage et pris leurs distances. C'est difficile, mais c'est à chaque génération d'oser. Et s'ils ont grandi à l'est, à l'ouest, au nord ou au sud du Vieux Continent, on sent dans leurs envies, leurs angoisses communes et dans les promesses qu'ils se font, se dessiner leur nouveau siècle. Leurs idées neuves, celles des enfants du millénaire.

Amélie Fontaine et Caroline Gillet

Parmi notre collection radio et vidéo,
on a choisi dix portraits, mais ce n'était pas facile
et il y en a beaucoup d'autres.
Retrouvez toute la série en sons, vidéos et dessins
sur franceinter.fr

POUR PARTIR, COMMENT FAIRE ENTRER EN BAGAGE CABINE D'UN VOL LOW-COST :

ROYAUME-UNI
BOSNIE
ALLEMAGNE
PORTUGAL
POLOGNE
BELGIQUE
BULGARIE
HONGRIE
ITALIE
CHYPRE
ROUMANIE
CROATIE
LETTONIE
GRÈCE
ESPAGNE
DANEMARK

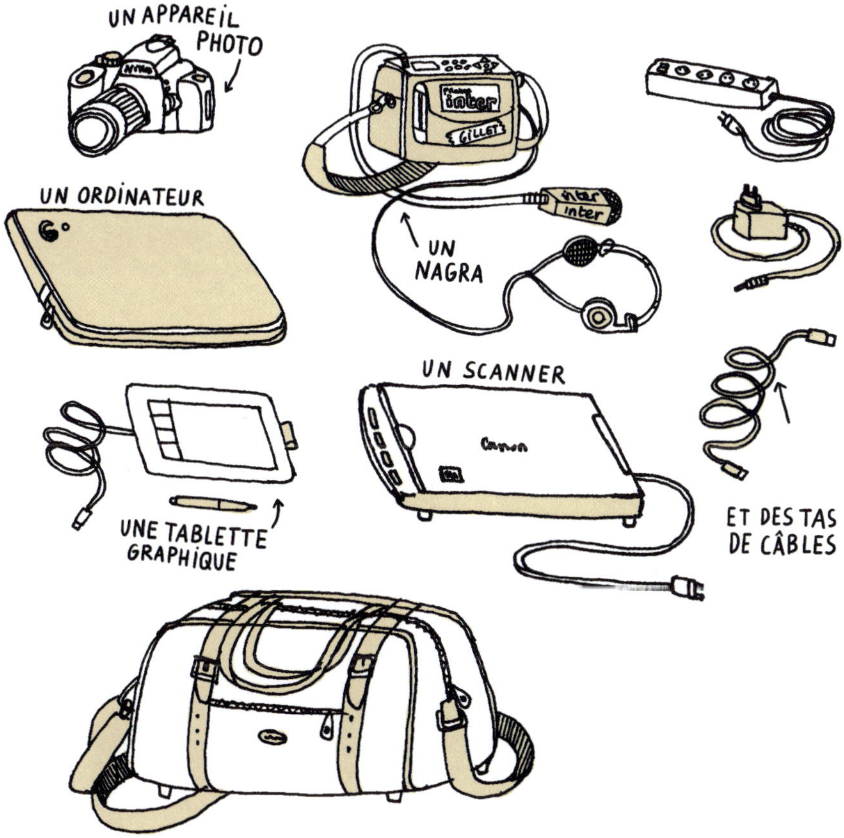

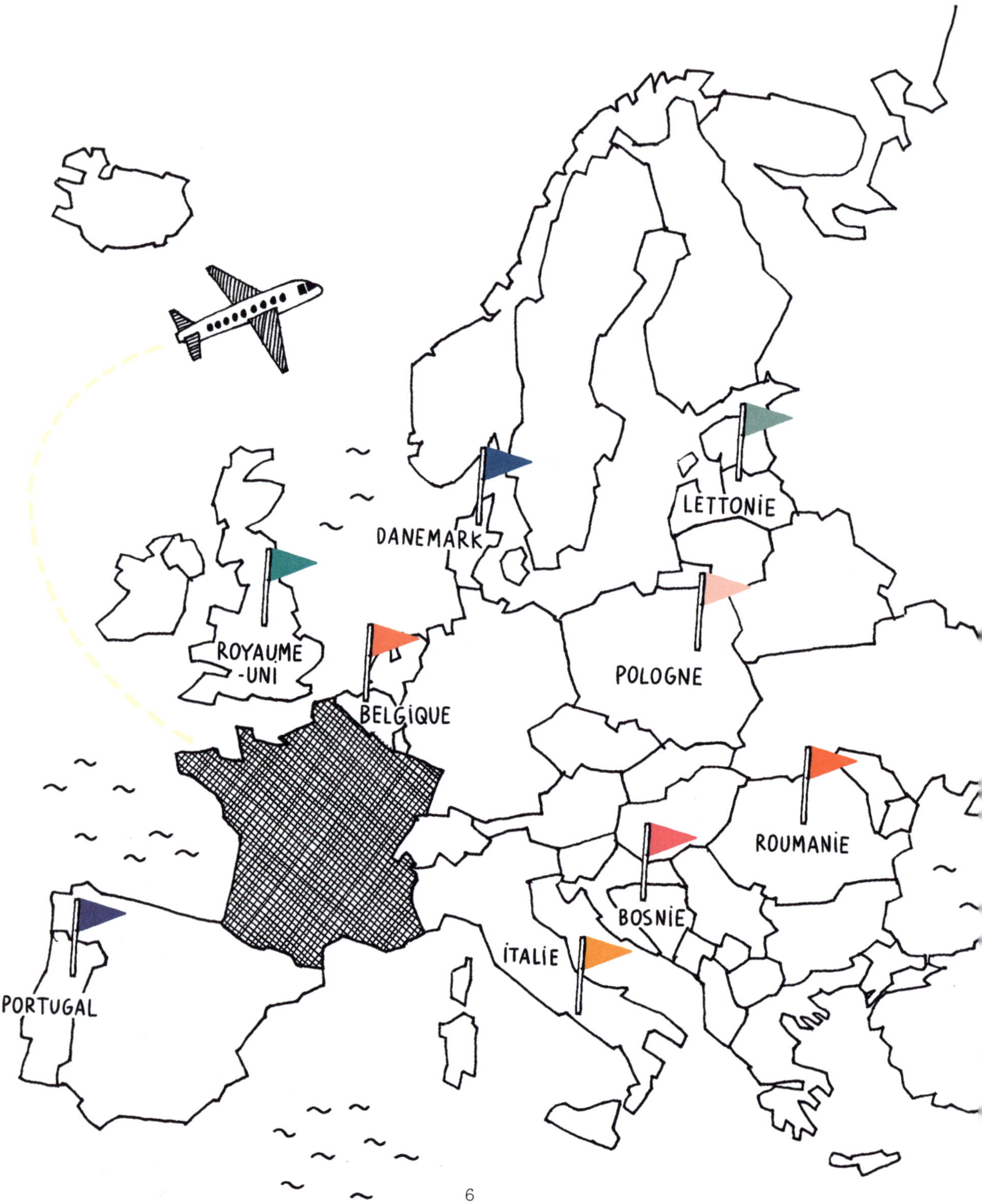
LETTONIE
DANEMARK
ROYAUME
-UNI
BELGIQUE
POLOGNE
ROUMANIE
BOSNIE
ITALIE
PORTUGAL

SOMMAIRE

HÉRITER D'UN CONTINENT ET...

YiANNiS

À NICOSIE

× 23 ANS, ÉTUDIANT
× CHYPRIOTE GREC

La nouvelle génération de Chypriotes vit séparée : au nord il y a les Turcs, au sud les Grecs et, entre les deux, une frontière, des check-points et des préjugés. Yiannis a vingt-trois ans, il n'avait jamais vu que le sud de son île. On est allés ensemble dans le nord rencontrer Ceren. L'un et l'autre sont des enfants ou des petits-enfants de personnes déplacées pendant le conflit gréco-turc.

Yiannis a mis du temps avant d'accepter notre proposition : nous accompagner au nord de l'île. Il dit : "De l'autre côté, on ne sait pas ce qui se passe." La frontière est à nouveau ouverte depuis dix ans, mais Yiannis finit par avouer qu'il a peur de la traverser. Puis, juste avant de se coucher, on reçoit un mail de sa part : il est d'accord pour un rendez-vous le lendemain matin, à huit heures, devant le check-point.

Bien sûr, lui n'a pas connu le conflit de 1974 : pour défendre la minorité turque du nord de l'île, l'armée turque était intervenue. Sa famille, grecque, avait fui du nord vers le sud. Mais s'il n'a pas connu la guerre, Yiannis vit néanmoins au quotidien avec les divisions qui persistent.

On traverse la frontière, les checkpoints et cet étrange no man's land qui sépare les deux communautés : entre les sentinelles grecques et turques, il y a quelques mètres de bâtiments délabrés et un chemin pour les visiteurs, tracé avec des oliviers en pots. Yiannis dit, avec un petit sourire, qu'il est curieux quand même de voir le nord, les bâtiments, les rues, les gens. On monte dans un bus et, pendant tout le trajet, il regarde par la fenêtre. Au bout d'une trentaine de minutes, il se tourne vers nous et nous souffle : "Plus le temps avance, plus je suis rassuré."

On a rendez-vous avec Ceren. Elle a à peu près le même âge que Yiannis, mais elle est chypriote turque. Ses parents à elle ont dû faire le chemin inverse de celui des parents de Yiannis : ils ont dû quitter le sud pour rejoindre le nord où on leur a attribué la maison d'une famille grecque. C'est là que Ceren a grandi. Elle raconte qu'elle y a un jour trouvé une boîte contenant les albums photo et les effets personnels d'une famille chypriote grecque. "Quand j'ai demandé à ma grand-mère « Mais qui sont ces gens ? », elle a dit : « Ce sont les vrais propriétaires de cette maison. » J'étais choquée. Alors qui sont les vrais propriétaires de la maison ? Pourquoi est-ce qu'on vit dans leur maison ? Et quand est-ce qu'on rentre dans NOTRE maison ?"

On se rend compte que l'un et l'autre, Yiannis comme Ceren, ne se sentent pas à leur place, ils semblent à l'étroit dans leur moitié d'île. On marche sur la plage, ils n'ont plus besoin de nos questions pour discuter ensemble. On lui demande quels sont les points communs et les différences entre lui et Ceren. Il répond : "Je ne trouve que des points communs. Et le point commun par excellence, c'est le territoire. Elle vit ici, je vis ici, il faut commencer par là et accepter ce qui s'est passé."

Quand nous retraversons le checkpoint vers le sud, on reconnaît le militaire qui avait contrôlé nos papiers à l'aller. On lui demande si lui, qui travaille à quelques mètres de la frontière, l'a déjà traversée. Il répond : "Non, jamais."

CHYPRE

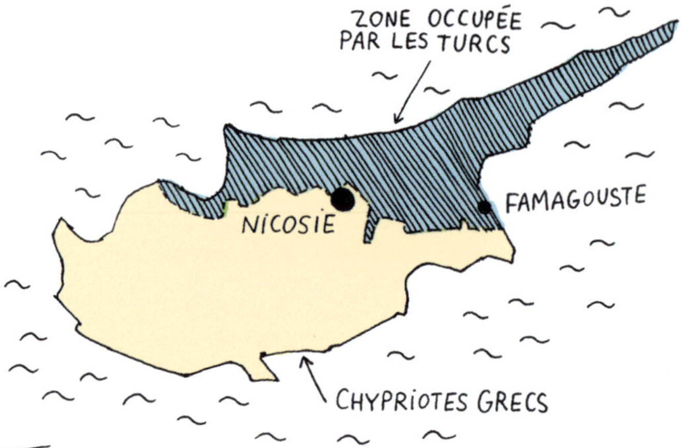

DÈS QU'ON TRAVERSE LA FRONTIÈRE DU SUD AU NORD, IL Y A DES MOSQUÉES, ET UN SQUARE ATATURK.

LE CHECK-POINT CÔTÉ TURC

COMME L'ENSEMBLE DU TERRITOIRE CHYPRIOTE FAIT PARTIE DE L'UNION EUROPÉENNE, ON PEUT PASSER AVEC SEULEMENT LA CARTE D'IDENTITÉ.

LE PAPIER À REMPLIR POUR LE VISA

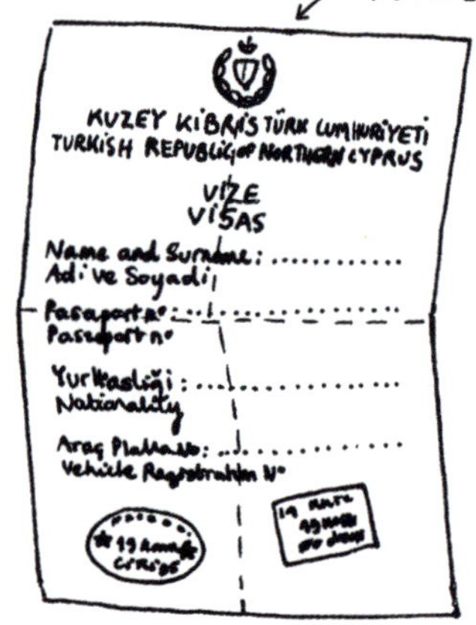

ON DEMANDE AUX PASSANTS OÙ SE TROUVENT LES BUS.

ON REMARQUE QUE YIANNIS NE PARLE PLUS GREC AVEC LES COMMERÇANTS.
IL EST PASSÉ À L'ANGLAIS. ON LUI DEMANDE : POURQUOI ?
J'AI ENTENDU PLUSIEURS HISTOIRES OÙ LA POLICE A ARRÊTÉ DES GRECS SANS VÉRITABLE RAISON, ET JE ME DIS QUE S'ILS M'ENTENDENT PARLER GREC, ILS VONT ME FAIRE ARRÊTER ÉGALEMENT.
ON RENCONTRE CEREN.
CHYPRIOTE TURQUE, ELLE A GRANDI DANS UNE MAISON QUI APPARTENAIT À DES GRECS.
CEREN HABITE EN LISIÈRE DE LA VILLE BALNÉAIRE FANTÔME DE FAMAGOUSTE, ABANDONNÉE ET ENCERCLÉE DE BARBELÉS DEPUIS LA GUERRE.
France inter
ON EST FACE À LA MER.

FAMAGOUSTE
DES PARASOLS, DES TRANSATS ET EN ARRIÈRE-PLAN UNE VILLE FANTÔME, QU'ON APERÇOIT DERRIÈRE LES BARRIÈRES.
Coke
CROC'S
CE QUI EST DRÔLE, C'EST QUE LES TERRAINS DE TENNIS AU BORD DE LA ZONE INTERDITE SONT RESTÉS OUVERTS, ON A TOUS LE SOUVENIR D'AVOIR UN JOUR LANCÉ LA BALLE AU-DESSUS DE LA BARRIÈRE ET DE N'AVOIR JAMAIS PU LA RÉCUPÉRER.

CLIC
Canon
JE CROIS PRENDRE DISCRÈTEMENT DES PHOTOS, QUAND SOUDAIN :
TRIIIIIIII
(BRUIT DE SIFFLET)
LA SENTINELLE EST JUSTE ICI ET ELLE NE M'A PAS LOUPÉE.
PLAGE DE VAROSHA
PLAJA
-BISIKLET
-MOTOSIKLET
-KÖPEK ILE
GIRMEK YASAKTIR
YASAK BÖLGE
GIRILMEZ
FORBIDDEN ZONE
ZONE INTERDITE
VERBOTEN ZONE
FOTOĞRAF VE FILM ÇEKMEK YASAKTIR
TO TAKE PHOTOS AND MOVIE ARE FORBIDDEN
INTERDIT DE PHOTOGRAPHE ET FILME
ON EST TOUS IMPRESSIONNÉS PAR LA VISION DE CETTE PLAGE. ET PAR LE POIDS DU PASSÉ POUR CEREN QUI VIENT JOUER ICI DEPUIS TOUJOURS.
CE LIEU NOUS EST RESTÉ ÉTRANGER, IL APPARTIENT À QUELQU'UN D'AUTRE. ON ÉTAIT ATTACHÉS À LA MAISON, À LA RUE, MAIS ON A DU MAL À S'IDENTIFIER À NOTRE LIEU DE NAISSANCE, JE NE ME SUIS JAMAIS SENTIE À L'AISE EN DISANT «JE VIENS D'ICI».
SE RENCONTRER ET APPRENDRE À SE CONNAÎTRE POUR DÉJOUER LES PRÉJUGÉS ? C'EST AUSSI UN ENJEU EN LETTONIE. LÀ IL N'YA PAS DE MURS, PAS DE CHECK-POINTS, MAIS DES COMMUNAUTÉS QUI VIVENT À PART.
VOIR PAGE 19, ANASTASIYA EN LETTONIE

EWA À CRACOVIE

× 28 ANS, GÉRANTE DE BAR (ET BARMAID)

Ewa ouvre un bar LGBT à Cracovie. Voilà dix ans qu'elle a révélé son homosexualité à ses parents et qu'elle doit vivre avec les conséquences de son choix : sortir de la clandestinité.

C'est une nuit de novembre. L'ancien quartier juif de Kazimierz, devenu très branché, est couvert de brume à laquelle se mêle la condensation de nos respirations. De temps en temps, on entend des groupes de jeunes qui transitent rapidement d'un bar à un autre, d'une chaleur à la suivante. On nous a parlé d'un bar qui ouvre dans un mois, il s'appellera "Tłocznia Sztuki" et il sera ouvert à tous. C'est rare ici. Il n'a pas encore d'enseigne, pas de menu, juste une porte à pousser, un épais rideau à tirer. Derrière, Ewa, la propriétaire, termine de balayer la pièce sur de la techno. En attendant l'inauguration, c'est là que, ce soir, elle fête ses vingt-huit ans. On lui explique notre projet. Elle ne parle pas bien anglais, alors elle écoute distraitement, puis elle nous propose un shot de vodka Cranberry et nous dit de rester un peu. Quelques-uns de ses amis arrivent, puis d'autres. Il n'est plus du tout question de partir. On chante avec les autres quand le gâteau apparaît, et on repart tard et titubantes.

Le lendemain, on revient vers dix heures avec une traductrice. Ewa, elle, a déjà tout nettoyé. Elle prend une aspirine, une grande inspiration et raconte.

"Déjà toute petite j'entendais mes copines raconter leurs histoires avec leurs amoureux et je m'imaginais leurs réactions si je leur disais que j'aimais les femmes. Je me rappelle de situations très bêtes : être dans un vestiaire avant un cours de sport, une copine me demande de dégrafer son soutien-gorge et moi j'ai les mains qui commencent à trembler. J'étais sûre que toutes les réactions de mon corps montraient que j'aimais les femmes, mais ça restait une identité sexuelle mal définie et je me sentais seule."

Tu en as parlé à tes parents ?

"Ça aurait été trop difficile de leur cacher. Je suis quelqu'un de très ouvert et j'ai été élevée avec le culte de la vérité. J'ai préféré me battre pour qu'ils m'acceptent plutôt que de me cacher toute ma vie. Mais leur réaction a été terrible. Ils sont très catholiques et ils pensent que l'homosexualité est contre nature. Ils étaient effondrés, ils pleuraient, ils disaient que je n'étais pas normale. Ils m'ont battue. C'étaient des moments très difficiles."

Ewa avait dix-sept ans et ses parents ont décidé qu'il fallait interrompre son histoire avec son premier amour, Katia. Pour eux, cette relation était "malsaine" et, surtout, risquait de s'ébruiter. Ils ont alors organisé un dîner avec les parents de Katia, pour tenter de séparer les deux filles. Mais les parents de Katia sont très différents : pour eux, leur fille était mature et en âge de prendre ses propres décisions. Donc à la fin du rendez-vous, nos parents se sont disputés.

Pour "guérir" leur fille, les parents d'Ewa l'envoient à Lublin, dans l'est du pays, dans un centre de thérapie paraclérical pour homosexuels.

"Il y avait là des personnes qui mettaient leur foi au-dessus de leurs attirances sexuelles et qui voulaient changer. Les sexologues ont vite compris que ce n'était pas mon cas. Il n'y avait aucun sens à ce que j'assiste à ces thérapies. Ils ont essayé d'expliquer à mes parents que ce n'était pas une maladie, et qu'ils pouvaient même leur conseiller une thérapie pour leur apprendre à m'accepter comme telle."

(Ewa éclate de rire.)

"Ça ne les a pas arrêtés. Ils m'ont tellement fatiguée avec leurs démarches qu'à la fin, je cédais à certaines de leurs idées. C'est comme ça que je me suis retrouvée à prendre part à des messes où on prétendait guérir les malades par des miracles. Il y avait un prêtre guérisseur qui, tous les deux mercredis du mois, menait une cérémonie d'une demi-heure. L'église était pleine. Les gens s'approchaient un par un du prêtre qui les bénissait. La personne devait ensuite tomber et se laisser pénétrer par le Saint-Esprit. J'avoue que, parfois, des personnes tombaient dans cette église, mais je crois que c'était plutôt parce qu'il faisait trop chaud !"

(Elle rigole encore.)

"J'ai aussi été chez un exorciste qui devait vérifier si j'étais possédée. Maintenant l'idée me fait rire, mais à l'époque, c'était terrible. Il faut s'imaginer près de l'autel, un prêtre prie pour toi, t'asperge d'eau bénite et affirme que tu n'es plus possédée."

À partir de là, Ewa refuse de continuer à assister aux rituels et surtout de signer une feuille par laquelle ses parents voulaient la placer sous tutelle. Elle part pour la ville la plus proche : Cracovie, pour faire des études avec Katia et essayer de mettre des kilomètres entre elle et ses parents.

"Aujourd'hui avec eux, on ne parle que du strict nécessaire : la santé. Je ne pourrais pas leur dire que je suis tombée amoureuse par exemple, même si mon père a fait une exception et il a rencontré ma nouvelle copine cet été – c'était la première fois en dix ans que je me disais qu'il m'accepterait peut-être un jour telle que je suis. Mais je me rends compte que mes parents ne me connaissent pas ; c'est comme si j'étais morte pour eux. Ils ne savent pas qui est leur propre enfant."

Ewa a la voix qui se brise. Alors on lui propose de s'arrêter là. Elle répond : "D'accord, et je vais vous faire visiter !" Dans une salle au fond, elle a placé des disques vinyles sur les murs, comme des écailles et, à côté, il y a des canapés, des coupures de journaux sur les murs et une ampoule rouge. "Ici ce sera pour les amoureux." Dans la salle principale, des jeunes graphistes arrivent pour écrire le menu au noir sur le mur – un café coûtera 5 zlotys : 80 centimes. Ewa est tout excitée : avec un menu, on se dit que c'est presque un vrai bar. On lui demande si ici, à Cracovie, l'homophobie est très présente.

"Il y a quatre ans, dans la rue, on pouvait me dire : « Voilà la lesbienne qui arrive. » On me lançait des insultes. Aujourd'hui, ça arrive plus rarement. On est encore dans une Pologne d'après-guerre, le regard des gens ici est très différent du reste de l'Europe et je trouve que les médias pourraient en faire plus pour normaliser l'homosexualité. Alors oui, dans certaines séries TV polonaises, on commence à en parler, mais c'est encore très tabou. Nous, on a appris à s'exprimer davantage, on arrive à répondre aux insultes, on est plus courageuses !"

On s'imagine que tu dois être quelqu'un de très fort pour arriver à dépasser ce que tes parents t'ont fait endurer. Est-ce que tu t'es parfois dit : "En fait tant pis, je laisse tomber, je fais semblant d'être hétéro et comme ça, on me laisse tranquille" ?

"Bien sûr ! Ça m'aurait facilité la vie ! Mais je ne peux pas être quelqu'un que je ne suis pas même si toute la société est contre moi. Oui, beaucoup de lesbiennes et de gays ont fait ce choix pour avoir la vie plus facile. J'ai deux amies comme ça, qui ont épousé deux hommes et qui sont voisines. Elles habitent ensemble et, pour la société, forment deux couples mariés. Il y a beaucoup de familles artificielles comme ça en Pologne."

Et toi ? Aujourd'hui tu es heureuse ?

Elle comprend la question en anglais, n'attend pas la traduction et répond tout de suite avec un grand sourire :

"Yes, of course I'm happy !"

Alors c'est une histoire qui finit bien ?

"Oui ! Grâce à tout ça je suis plus forte, plus indépendante et je peux à mon tour être un soutien pour les autres. Le plus important, c'est que je sais que je me bats pour quelque chose de juste."

Ewa sourit et se remet au travail, on est un peu tristes de la quitter. Récemment, on a repris contact sur Facebook. Je lui ai notamment demandé des nouvelles de son bar. Voici sa réponse :

"Hi how are you?? I sold Tłocznia Sztuki, as it turned out the business didn't go too well. In spite of it, I'm happy that I tried. Now I'm working as the manager of a chain of shops in Krakow. Will you visit Poland soon ?? I am trying working my English, so I won't be so silent :) I hope that everything is fine with you :) write sometimes :)"

Elle a dû vendre le bar parce que ça ne marchait pas, mais elle dit qu'elle reste heureuse d'avoir essayé. Elle a retrouvé du travail comme gérante d'une chaîne de magasins à Cracovie.

AU FAIT : Il n'y a pas de loi discriminant les homosexuel(le)s en Pologne, mais il n'y en a pas non plus les protégeant et l'homophobie est très présente. Récemment, la Chambre basse du Parlement a rejeté trois projets de loi visant à reconnaître l'union civile de personnes de même sexe.

ANASTASiYA

À RiGA

× 22 ANS, ÉTUDiANTE

× MÈRE LETTONE, PÈRE RUSSE
UNE GRAND-MÈRE RUSSE DE SiBÉRIE,
UNE AUTRE DE VLADiVOSTOK
(ÇA NOUS FAIT RÊVER)

ANASTASiYA N'AiME PAS QU'ON CONFONDE LA LFTTONiE AVEC LES AUTRES PAYS BALTES

QU'EST-CE QUE TU VOULAIS FAIRE QUAND TU ÉTAiS PETiTE ?

COiFFEUSE

UNE CHOSE QUi EST DiFFÉRENTE ENTRE TA VIE ET CELLE DE TES PARENTS ?

JE RENCONTRE BEAUCOUP PLUS DE GENS DE PAYS DiFFÉRENTS, AVEC DES POINTS DE VUE DiFFÉRENTS SUR LE RACiSME, L'HOMOSEXUALiTÉ. ÇA FAiT ÉVOLUER MON OPiNiON DE MANiÈRE DiFFÉRENTE DE CELLE DE MES PARENTS. PLUS DE GENS TU CONNAiS ET MOINS DE BARRiÈRES TU AS.

Anastasiya appartient à la minorité russe de Lettonie. Les russophones représentent 30 % de la population et vivent entre eux. Balade dans un Riga parallèle.

Anastasiya demande si nous sommes bien couvertes avant de sortir. On va traverser Riga pour aller prendre le thé dans un établissement russe. Elle se dit que c'est la meilleure façon de nous faire comprendre sa réalité : elle appartient à une communauté qui vit en vase clos. Pendant l'époque communiste, des milliers de Russes ont été encouragés à aller s'installer en Lettonie. Près de cinquante ans plus tard, la Lettonie a obtenu l'indépendance, mais les Russes sont restés et, aujourd'hui encore, vivent isolés dans un pays marqué par la dureté de l'occupation soviétique.

Mais alors dans la rue, tu sais distinguer les Lettons et les Russes ?

Elle rigole, acquiesce et, quand on passe près de l'arrêt de bus, elle chuchote : "Les femmes qui attendent là, elles sont russes." En se promenant dans la ville, nous voyons des habitants de Lettonie dans de grands manteaux. Anastasiya, elle, voit deux populations côte à côte, les Russes et les Lettons. Elle perçoit des divisions qu'elle veut nous faire ressentir.

On entre dans le Café Sienna, une institution russe. Anastasiya explique : "J'habite un quartier plutôt russe, j'ai des amis russes, on sort dans les bars russes, je ne croise jamais de Lettons." Elle dit cela parce qu'elle regrette qu'ils n'aient aucune activité commune. Alors à quand remonte la conscience de ces divisions ? Anastasiya dit que, petite, elle vivait proche d'une aire de jeux et les enfants lettons et russes s'y mélangeaient. "Mais c'était la bataille entre nous, on se donnait des coups." Plus tard, la police est venue chez elle signifier à son père, né de parents russes, qu'il allait devoir retourner en Russie. Anastasiya se souvient d'avoir été emmenée au tribunal pour témoigner de l'attachement de son père à la Lettonie.

Elle tente d'expliquer les contradictions pour les russophones de sa génération qui se sentent un peu perdus : "Tu défends le russe, ta langue maternelle, tu regardes la TV russe, tu connais tout de la pop en vogue jusqu'aux scandales de la jet-set moscovite, mais en même temps tu as le passeport letton, tu as vécu toute ta vie à Riga et tu connais mal ton histoire nationale et la vie politique locale. En n'étant pas vraiment russes en Russie, nous ne sommes pas lettons non plus."

On monte dans un taxi. Anastasiya nous montre en passant une vaste pelouse. Entre les arbres, on aperçoit un monument soviétique. La communauté russe commémore ici chaque année la victoire soviétique contre les nazis en 1945. Dans sa famille, c'est une des fêtes les plus importantes de l'année, une manière d'honorer les anciens, "ceux qui ont fait quelque chose pour qu'aujourd'hui soit meilleur". Pour les Lettons, mai 1945 marque certes la fin d'une occupation allemande, mais le début d'une autre : pendant près de cinquante ans, ils ont ensuite vécu sous le joug soviétique et gardent en mémoire les déportations et l'étouffement de leur langue et de leur culture. À l'école lettone, Anastasiya a le sentiment d'avoir été nourrie d'une "haine" envers tout ce qui est russe, alors qu'à la maison, on ne considérait pas l'occupation soviétique comme une véritable occupation. Elle dit : "Je sens cette énorme tristesse des Lettons par rapport à l'histoire, je sais qu'ils se sentent blessés par les Russes, mais qu'est-ce que je peux faire ? Je suis née en 1991, après l'indépendance. Ce n'est pas de ma faute si je suis née ici et que je parle russe. Ce qui s'est passé est horrible, mais les Lettons s'appuient trop sur cette histoire, ça empêche d'avancer, de faire un pas entre nous."

On s'arrête à un coin de rue et Alexey, le copain d'Anastasiya, grimpe avec nous à l'arrière du taxi. Dans l'autoradio, on entend un tube russe des années 1990. Le chauffeur de taxi (russe lui aussi) le connaît bien, chante et traduit les paroles : "Je bois, et je veux être saoul de ton amour." Alexy rigole et dit : "Moi aussi, je suis ivre d'amour à cause d'Anastasiya." Alexey et Anastasiya ont l'âge de leur pays. Pour eux la chute de l'URSS semble très loin, mais elle dit, frustrée : "Je crois que depuis, les Russes de Lettonie n'ont toujours pas compris qu'il fallait s'assimiler. – Et les Lettons doivent nous aider à le faire", complète Alexey.

AU FAIT : L'immigration massive de Russes en Lettonie remonte aux années 1950 : le pays s'industrialise et on voit arriver des étudiants, des ouvriers et fonctionnaires communistes russes. En même temps, le pouvoir soviétique organise la déportation massive d'élites lettones vers les goulags de Sibérie.

DANS L'AVION
RIGA, TOUTE BEAUTÉ RETROUVÉE
RRRRR
BRETZEL
ESCALE À FRANCFORT
-4°C
ANNONCÉS À RIGA
CAROLINE LIT DES ARTICLES
« AU XXE SIÈCLE, LA LETTONIE A PERDU 50 % DE SA POPULATION AVEC LA GUERRE ET LES DIFFÉRENTES OCCUPATIONS »
COMMENT TU RECONNAIS LES RUSSES DANS LA RUE ?
JE SAIS PAS, ÇA SE VOIT !
ANASTASIYA
ES ESMU LATVIETE
Я РУССКИЙ

DANS LE CAFÉ SIENNA
ON PEUT LIRE L'OFFICIEL EN RUSSE
BIBELOTS
UNE COLLECTION DE TASSES (J'ESSAIE DE PAS FAIRE TROP DE BRUIT AVEC MA CUILLÈRE)
LE SERVEUR PARLE EN RUSSE, C'EST TRÈS GUINDÉ.
LES LETTONS SONT PLUS TOURNÉS VERS LA CULTURE. LES RUSSES PRÉFÈRENT LE SPORT, LES BALADES AU BORD DE LA MER.
...ET LE SHOPPING: ON ACHÈTE QUELQUE CHOSE ET ENSUITE ON VA DANS LES CAFÉS RUSSES POUR LE MONTRER.
LES LUMIÈRES S'ÉTEIGNENT, APPAREMMENT, C'EST L'HEURE D'Y ALLER.
EN PARTANT, LE SERVEUR NOUS AIDE À REMETTRE NOS MULTIPLES COUCHES CONTRE LE FROID.

MÉMORIAL DE LA FIN DE LA GUERRE 1945
EN RENTRANT CHEZ ANASTASIYA, ON PASSE DEVANT LE MONUMENT AUX MORTS.
AVEC L'ÉCOLE, ANASTASIYA VENAIT ICI DÉPOSER DES FLEURS.
ENCORE MAINTENANT, ELLE SE SENT OBLIGÉE DE VENIR EN MAI CHAQUE ANNÉE,
1945
MÊME SI ELLE ADMET :
C'EST LA PROPAGANDE RUSSE QUI EST RESTÉE DANS MA TÊTE.
IL FAIT NUIT, LES FENÊTRES SONT ÉCLAIRÉES, ON VOIT TOUT CHEZ LES GENS.

À L'ENTRÉE, ON ENLÈVE NOS CHAUSSURES
CAROLINE A UN TROU DANS SA CHAUSSETTE
LE PAPA D'ANASTASIYA
OLGA SA SŒUR
SPASIBA
= MERCI
LE DÎNER
LA MÈRE D'ANASTASIYA NE PARLE QUE RUSSE
GRATIN DE SAUMON
ŒUF
PAIN NOIR
VIANDE FUMÉE
PAIN NOIR
SALADE
FROMAGE FRAIS
POMMES DE TERRE
ALEXEY EST AUSSI NÉ À RIGA, MAIS JUSQU'À SES 18 ANS, ET UN TEST DE LANGUE LETTONE, IL ÉTAIT MARQUÉ «ALIEN» SUR SON PASSEPORT. IL ÉTAIT NON CITOYEN, COMME PLUSIEURS CENTAINES DE MILLIERS DE LETTONS RUSSOPHONES.
ET PUIS DU VIN AUSSI (PARCE QU'ON EST FRANÇAISES)
J'AI LE SENTIMENT DE VIVRE DANS UN PAYS SANS FRONTIÈRE.
UNE COMMUNAUTÉ ISOLÉE, INSTALLÉE EN LETTONIE, MAIS QUI A POUR CAPITALE MOSCOU.

SOFiA

× 24 ANS

À ROME

TU VOULAIS FAIRE QUOI QUAND TU ÉTAIS PETITE ?

VÉTÉRINAIRE

TU COLLECTIONNAIS QUOI ?

LES PETITS SACHETS DE SUCRE QU'ON REÇOIT AVEC LE CAFÉ.

SI TU AVAIS UN MÉGAPHONE, QUEL CONSEIL DONNERAIS-TU À TA GÉNÉRATION ?

NE VOUS RENDEZ PAS, REBELLEZ-VOUS ! ET CONTRE VOUS-MÊMES S'IL LE FAUT !

Sofia était fatiguée des frasques de Berlusconi et des conséquences de ses multiples scandales sexuels sur l'image des femmes en Italie. Alors elle a écrit une lettre dans laquelle elle s'adresse directement à Ruby, la jeune mineure que Berlusconi est soupçonné d'avoir payée en échange de rapports intimes. Elle s'est rendu compte qu'elle et Ruby avaient le même âge et qu'elles étaient dans la même impasse. Depuis, Sofia a été recrutée comme assistante parlementaire pour la gauche écologiste.

Sofia nous a dit qu'elle serait au Café Illy, connu comme le lieu de rendez-vous des parlementaires. Il y a effectivement beaucoup d'hommes en costume et parmi eux, Sofia, en jeans. On commande des cafés et un croissant "cornetto" et on s'assied au fond de la salle. Les Italiens ne connaîtront pas forcément son nom : Sofia Sabatino. Mais si vous montrez son visage, ils reconnaîtront peut-être la jeune fille qui, à l'époque du Ruby Gate, avait fait sensation en lisant publiquement une lettre adressée à Ruby. Elle lui disait "tu" et, sans mépris, mettait en parallèle leurs deux vies pour questionner la place des jeunes et des femmes dans la société italienne. On commence par la question de son engagement :

"Ça remonte sans doute aux manifestations anti-mafia dans lesquelles ma mère m'a emmenée quand j'étais petite."

Tu as grandi à Palerme en Sicile, où la mafia est réputée très présente…

"Quand on grandit dans le Sud, c'est très difficile de distinguer ce qui est et ce qui n'est pas la mafia. C'est un système culturel, on est soi-même pris dans des références mafieuses et on a du mal à faire la différence. En grandissant, on se rend compte que certaines choses qu'on pensait être la « culture sicilienne » sont en réalité une partie de ce système."

Tu as des exemples ?

"Si par exemple un ami du nord de l'Europe vient me rendre visite en Sicile, que je l'emmène dans le quartier où on va faire la fête le soir entre étudiants : on va pouvoir danser jusqu'à cinq heures du matin, boire des bières à 2 euros, on va même pouvoir fumer du hasch en pleine rue, personne ne dira rien. Du coup, cet ami va dire : "Mais on peut faire ce qu'on veut ici ! C'est incroyable, cette liberté." En réalité, ce quartier où on s'amuse entre jeunes est tenu par la mafia qui s'en sert pour asseoir son pouvoir et son système culturel qui se substitue à l'État. Et vu comme ça, c'est tout de suite moins drôle."

Comment en es-tu arrivée à te retrouver à Rome, devant les caméras, dans une manifestation féministe ?

"Je me suis engagée très jeune et j'étais souvent mal à l'aise dans les mouvements politiques. Je ne comprenais pas pourquoi. En découvrant le féminisme, en 2011, je me suis rendu compte que mon malaise personnel était en réalité issu d'un problème politique. Même dans les mouvements les plus révolutionnaires, les plus alternatifs, on est toujours très peu de femmes. Quand je suis arrivée à Rome pour faire mes études, ça a coïncidé avec les scandales du Ruby Gate et la période la plus noire de la démocratie en Italie. Et là, mon envie de m'engager pour la cause féministe a explosé."

C'est là que tu as rencontré les membres du collectif "Se non ora quando ?" (Si pas maintenant, quand ?)

"Oui, et on a réalisé, en voyant la photo de Ruby dans les journaux, qu'on avait le même âge qu'elle. C'était étrange, on était les mêmes, mais elle était de l'autre côté de la barricade, elle avait fait des choix différents. On a donc tenté de s'adresser à elle, directement, pour lui faire part de notre point de vue, sans la juger. Elle est dans un monde, celui de Berlusconi, qu'on connaît et qui est également le nôtre. Depuis qu'on est petits, Berlusconi nous promet un avenir bling bling, plein de strass et de diamants. Ruby, moi et toute notre génération, nous nous retrouvons sans aucune opportunité, avec l'impression que la seule manière de s'en sortir pour une femme, c'est de faire les choix qu'a faits Ruby."

On vous a accusées d'être moralistes.

"C'est devenu insupportable de voir toutes ces femmes nues à la télévision ; elles ne sont que l'objet du désir des hommes et elles disent aux plus jeunes que si elles ne se dénudent pas, elles ne parviendront à rien. On ne supportait plus ces images, mais aussi l'absence de représentativité : le Parlement italien était alors celui avec le moins de femmes en Europe. Attention, quand je dis : « Je veux couvrir les femmes à la télévision », ce n'est pas toucher à la liberté individuelle. Je ne vais pas dire à une fille : « Tu ne peux pas t'habiller comme ça. » Moi, quand je suis en Sicile l'été et qu'il fait chaud, je mets des mini-shorts et, oui, on doit voir le bout d'une fesse. Je ne voudrais pas qu'on me regarde en disant : « Elle s'habille comme ça avec une idée derrière la tête. » Non, je m'habille comme ça parce que j'ai chaud et c'est tout."

Ça veut dire quoi, être féministe à vingt-quatre ans ?

"Si vous demandez à une fille si elle est féministe, la réponse est souvent « Non », voire « Absolument pas », parce que le féminisme a mauvaise réputation. Les jeunes filles ne se rappellent pas à quel point la révolution féministe a été importante dans les années 1970 et leur a permis de faire ce qu'elles veulent aujourd'hui. J'essaie de faire comprendre aux jeunes que nous ne venons pas de rien, nous sommes les filles de ces féministes historiques."

Est-ce que tu luttes contre le machisme dans ta vie personnelle, avec tes amoureux par exemple ?

"Dans ma génération et mon milieu de militants, je n'ai pas rencontré le cliché du macho. Par contre, les hommes italiens sont un peu en crise, parce que dans notre génération, s'ils n'ont plus vraiment ce modèle macho, ils ne savent pas comment se réinventer. Récemment, j'étais avec un mec très possessif, très jaloux, il voulait tout le temps être près de moi et je lui ai expliqué pourquoi c'était problématique. Il voulait qu'on en parle, il a essayé de lutter. Bon, il n'y est pas arrivé, mais il était prêt à écouter, ce n'était pas un macho en bloc."

Est-ce que la jalousie, c'est forcément machiste ?

"Je dirais qu'en Italie, le sens de la possession et la jalousie sont des caractéristiques très masculines. C'est ancré dans la culture italienne et ça va à l'encontre de la liberté des femmes aujourd'hui. Or, celles-ci justement revendiquent plus de liberté, donc il y a plus de violence. Une femme meurt tous les deux jours pour des questions de jalousie."

C'est drôle, tu parles de féminisme et tu portes en ce moment... des boucles d'oreilles en forme de dés à coudre !

(Sofia éclate de rire.)

"Justement, je me suis fabriqué ces boucles d'oreilles moi-même parce que je n'utilise pas les dés à la maison."

FRANCiSCO
À PORTO

× 31 ANS

× AUTEUR DU BLOG « HONTE À VOUS ! »*

TU PEUX TE DÉCRIRE ?

J'AI DES MAINS ET DES PIEDS DE NAIN.

TON JOB LE PLUS BIZARRE ?

NÈGRE LITTÉRAIRE POUR UN DENTISTE VIP.

QU'EST-CE QUE TU SAIS FAIRE ?

ME PLAINDRE !

Le Portugal est un des pays qui ont été le plus frappés par la crise ; de nombreux employeurs profitent de celle-ci pour proposer des offres malhonnêtes aux jeunes de "la génération perdue". Francisco a décidé de créer un site pour les dénoncer. Et ça marche. On l'appelle maintenant le "Robin des bois des stagiaires".

* WWW.GANHEMVERGONHA.PT

Francisco nous attend à la gare Campana. Il transite par là tous les jours et dit qu'il connaît tous ses secrets. On lui demande alors pour rire quel est son quai préféré. Sans hésiter, il répond que c'est le huit, là-bas, parce que c'est de celui-là que partent les trains pour le sud. "Je ne les prends plus beaucoup, ce sont pourtant mes préférés, parce qu'ils pourraient m'emmener loin."

Depuis deux ans, les seuls trains dans lesquels il monte, ce sont ceux qui l'emmènent, matin et soir, de la petite ville de banlieue de ses parents à Porto. Enfant, il était sûr que devenu grand, il pourrait laisser la campagne pour la ville. Mais depuis la fin de ses études, il enchaîne les stages et les jobs alimentaires insuffisants pour devenir vraiment indépendant. Et donc adulte.

On arrive dans le centre de Porto. La pluie va commencer à tomber , une femme doit déjà le savoir, elle vend des parapluies. Francisco commence à raconter qu'en sortant de la fac, en 2012, il avait obtenu un stage dans une boîte de production, à la suite duquel on lui avait proposé de diriger un téléfilm. À cette époque-là, il s'était dit : "OK, je suis à un tournant, à partir de maintenant, je vais avoir un chouette travail et une belle vie." Et puis tout à coup, c'était la fin du stage, il n'y avait pas de travail derrière et il avait enchaîné avec sept mois de chômage.

"Tous les jours, je commençais ma journée en envoyant jusqu'à vingt CV. Généralement, les entreprises ne répondaient pas, ou alors c'était pour proposer des stages", explique-t-il. Il s'est mis à compiler les lettres et s'est aperçu que beaucoup de boîtes proposent des stages illégaux, de durées beaucoup trop longues (parfois jusqu'à un an, non rémunéré), ou des jobs pour des salaires en dessous du seuil minimum. Il fallait trouver un moyen de protester : il a décidé de mettre les offres en ligne sur un blog, de mener des enquêtes et de dénoncer.

Au début, il y a eu des menaces de poursuites judiciaires des entreprises ; il n'a pas eu peur : quand il a proposé d'envoyer les preuves, ils ont cessé de l'embêter. Aujourd'hui, quand on tape les noms de ces employeurs frauduleux sur internet, les articles sur le blog de Francisco apparaissent parmi les premiers résultats. Alors est-ce qu'il prend des risques ? Il répond : "Non ! Je ne risque rien, parce que je n'ai rien à perdre. Je crois que je prendrais plus de risques si je ne faisais pas ce que je fais. J'avais besoin de réagir", conclut-il. Depuis, seul avec un ordinateur et une connexion internet, Francisco défie la crise.

La pluie a cessé. On a dû reprendre le train vers le sud sans lui.

PORTO

TOUS LES SOIRS, FRANCISCO REPREND LE TRAIN POUR LA PETITE VILLE DE SES PARENTS, À 25 KILOMÈTRES DE PORTO.

IL CONNAÎT LES VOYAGEURS QUI FONT LE MÊME TRAJET QUE LUI. IL DIT EN RIGOLANT QU'IL SAIT OÙ ILS ENTRENT ET SORTENT. IL SAIT QUI EST EN TRAIN DE LIRE QUOI, QUI A DE BONS GOÛTS EN LITTÉRATURE.

IL A UN ABONNEMENT POUR LE TRAIN, MAIS PAS POUR LE MÉTRO, IL N'A PAS LES MOYENS.

ALORS ARRIVÉ À PORTO, IL EST ATTENTIF AUX CONTRÔLEURS.

FRANCISCO NOUS EMMÈNE TOUT DE SUITE DANS SON VIEUX QUARTIER ÉTUDIANT, DERRIÈRE LA GARE. EN ARRIVANT, IL DIT QUE ÇA A BIEN CHANGÉ DEPUIS TROIS ANS.
ET TOI, TU AS CHANGÉ COMMENT ?
« JE SUIS PLUS FÂCHÉ, ET PLUS PAUVRE, ÇA C'EST SÛR. »
JE VIEILLIS, ET MA VIE N'AVANCE PAS AVEC MOI, J'AI L'IMPRESSION QU'ELLE RESTE DERRIÈRE MOI.
VESTIR BEM
E BARATO
SÓ AQUI
IL PLEUT FORT MAINTENANT.
↘

ON SE POSE
CHEZ
'LARICA'
UNE PETITE TAVERNE
QUELQUE CHOSE DE BON ARRIVE, JE LE SENS.
DORADE GRILLÉE
FRANCISCO NOUS MONTRE SON BLOG.
« CETTE OFFRE-LÀ, C'EST LA DERNIÈRE...
ELLE VIENT D'UNE FAC QUI PROPOSE À DES ÉTUDIANTS DE TRAVAILLER POUR LE TRÉSOR PUBLIC, PARCE QU'EN MARS, TOUS LES PORTUGAIS, PAIENT LEURS IMPÔTS, ÇA ENGORGE LES SERVICES, ET VU QUE L'ÉTAT A LICENCIÉ ÉNORMÉMENT DE FONCTIONNAIRES, IL NE PEUT PLUS FAIRE FACE.
DU COUP, IL DEMANDE AUX ÉTUDIANTS DE TRAVAILLER GRATUITEMENT PENDANT CETTE PÉRIODE. »

DANS LES JOURNAUX, ON FÊTE LES 40 ANS DE LA FIN DE LA DICTATURE DE SALAZAR.*
FRANCISCO NOUS RACONTE QUE SA TANTE ÉTAIT COMMUNISTE ET QU'ELLE AVAIT LUTTÉ À L'ÉPOQUE, PUIS AVAIT FINI PAR DEVOIR SE BARRICADER CHEZ ELLE AVEC DES COCKTAILS MOLOTOV.
IL RIGOLE, MAIS ON LE SENT UN PEU AMER D'AVOIR RATÉ CETTE PÉRIODE. IL EST FASCINÉ PAR CETTE RÉBELLION.
CAROLINE
MAIS TOI AUSSI TU ES UN PEU REBELLE DANS CE QUE TU FAIS !
JE PENSE QUE JE DEVRAIS ÊTRE PLUS ENGAGÉ, EN POLITIQUE NOTAMMENT.
UNE ERREUR ?
C'EST POUR ÇA QUE JE TROUVE QUE MA GÉNÉRATION N'A PAS DE CRAN, ELLE N'A PAS LE COURAGE DES VRAIES BATAILLES, ON LUTTE PLUS SUR FACEBOOK QUE DANS LA RUE OU DANS NOS ENTREPRISES.
J'AI GARDÉ LE SILENCE, C'EST ARRIVÉ SOUVENT. J'AURAIS DÛ DIRE CE QUE JE PENSAIS, J'AURAIS DÛ RÉPONDRE AUX GENS ET JE NE L'AI PAS FAIT.
* SALAZAR A ÉTÉ DICTATEUR DU PORTUGAL PENDANT 36 ANS, SON RÉGIME FUT RENVERSÉ PAR « LA RÉVOLUTION DES OEILLETS » DE 1974.

PAMELA & LAURA
À BRUXELLES

× 26 ANS TOUTES LES DEUX, JOURNALISTE (PAMELA) ET ARTISTE VIDÉASTE (LAURA)

TU COLLECTIONNAIS QUOI QUAND TU ÉTAIS PETITE ?

PAMELA : LES SCARABÉES ET LES GALETS DE MARELLE.

UNE ENVIE ?

LAURA : FRANCHEMENT ? LA PAIX DANS LE MONDE, COMME MISS BELGIQUE. ET JE SAIS QUE ÇA PASSE PAR MA PROPRE PAIX. JE ME DIS QUE JE NE PEUX PAS VOULOIR ÇA, SI JE NE COMMENCE PAS PAR MOI. C'EST UNE FAÇON DE ME RENDRE RESPONSABLE.

Le génocide au Rwanda a commencé un 6 avril 1994. Ça fait donc vingt ans. Laura et Pamela, petites Rwandaises de Bruxelles, avaient six ans. Aujourd'hui, elles cherchent des moyens de représenter la tragédie pour mieux la comprendre. Et pour interroger leur belgitude.

Pamela et Laura sont des amies d'adolescence. Elles étaient dans la même classe, elles aimaient la même musique et elles ont vécu ensemble ce qu'elles décrivent comme l'apogée de leur adolescence : un concert de Destiny's Child. Elles s'étaient un peu perdues de vue et on n'était pas sûres que ce soit une bonne idée de les rencontrer ensemble. En fait si, elles ont passé l'après-midi à évoquer leurs souvenirs, l'un en rappelant un autre, de leur adolescence commune.

On avait retrouvé Pamela à l'arrêt du tram, descendu ensemble la rue Molenbeek et sonné chez Laura. Pamela a tout de suite dit qu'elle reconnaissait la sonnette de Laura parce qu'à côté des trois grises, c'était celle avec des bulles dessinées de toutes les couleurs. Laura a ouvert, elles se sont prises dans les bras en criant. L'une, Laura, semble plus sage. L'autre, Pamela, est très délurée, au rire facile (très facile, surtout en présence de Laura). Et pourtant on a parlé de sujets graves.

On s'est installées dans le jardin de la voisine. On a ouvert un paquet de spéculoos et Laura nous a servi du jus de pamplemousse rose. Elle a aussi rapporté quelques vieilles photos pour évoquer l'histoire familiale. Ses parents sont arrivés en Belgique en 1987 dans le cadre de leurs études. Là on les voit danser un rock ensemble à un bal universitaire. Laura est née l'année suivante et, sur une autre photo, on la voit avec ses frères et sœurs, sur une route de Suisse.

Laura : "On y partait souvent en vacances, parce que mes parents avaient des copains là-bas. Seulement, ils n'avaient pas encore de papiers, et donc on ne prenait que les petites routes pour éviter la douane. Ils avaient vraiment beaucoup de difficultés, je m'en rends compte maintenant que je suis grande – mais malgré ça, on partait en vacances –, ils étaient déterminés à nous créer des bons moments."

En 1994, les parents de Laura s'apprêtaient à rentrer au pays, sa mère commençait à envoyer des cartons au Rwanda et puis le génocide a commencé. Laura avait six ans, et elle a vécu les événements devant un écran de télévision.

Laura : "Je me rappelle juste que c'était une incompréhension totale, je ne comprenais pas pourquoi mes parents étaient si tristes. Ma petite sœur venait de naître, mes parents étaient en mode survie. Il fallait s'occuper de l'enfant, se décider à rester et en même temps faire le deuil des gens qu'ils perdaient. Tout simultanément."

Pamela : "Moi j'ai détesté voir ces images, je me souviens que c'était tous les jours. Je pensais : « Si j'avais été là-bas qu'est-ce qui se serait passé ? » Cette question me hantait."

Laura : "Oui, j'imaginais une vie parallèle. J'aurais pu être orpheline, j'aurais un accent rwandais, je ne ferais pas d'art et surtout, je ne parlerais pas flamand !"

Elle rigole et elle ajoute : "Je me sens rescapée de justesse."

Devenue jeune adulte, Laura a eu besoin de revenir sur cette période. Dans son travail vidéo "1994", on voit une famille en plan fixe, deux parents, trois enfants assis dans un canapé devant la télévision. La fille à gauche sur l'écran, c'est Laura. On ne sait pas ce qu'ils regardent, on le devine.

Laura : "J'avais vraiment besoin de cristalliser ce moment où je suis devenue belge, il n'y avait plus cet « ailleurs » rwandais pour me conforter dans une identité rêvée. Je me disais : « On ne peut plus rentrer chez nous, on doit rester ici et c'est ici que je vais grandir et que je suis censée évoluer comme toute autre petite Belge. » C'était compliqué, je crois que ça l'a été pour beaucoup de jeunes comme moi."

Et donc tu es devenue belge, six ans après ta naissance ?

Laura : "Voilà ! Et aujourd'hui, je me sens 100 % belge et 100 % rwandaise. Ça fait 200 %, ce qui est bien ! Je sais que ça pose problème à certaines personnes, elles aimeraient bien me remettre dans une petite boîte, mais..."

Simultanément, sans le savoir, Pamela aussi a travaillé sur la problématique rwandaise, elle aussi a fait des vidéos, mais sa démarche est journalistique. Elle a décidé d'aller au Rwanda enregistrer des témoignages, pour tenter de comprendre comment Hutus et Tutsis vivent ensemble depuis le génocide. Pour Pamela et Laura, c'était important de montrer leur travail ici, en Belgique.

Laura : "Il faut comprendre que la Belgique est arrivée au Rwanda et a vraiment participé au clivage ethnique pour des soucis de pouvoir : diviser pour mieux régner. Et donc toute leur lecture de l'Afrique est basée sur la vieille idée d'une division entre ethnies comme elle existe en Belgique entre Flamands et Wallons. La Belgique se doit de faire un travail de deuil par rapport à sa propre histoire coloniale. Abandonner cette lecture-là et venir à la rencontre du Rwanda, comme d'un frère perdu qui aurait grandi et évolué."

Pamela : "Oui, ici on n'étudie pas l'histoire coloniale..."

Laura : "C'est un gros tabou en Belgique, parce qu'il n'y a pas une seule famille belge qui n'ait pas été liée au Congo, au Rwanda ou au Burundi. Même si ce n'était que travailler au port d'Anvers pour décharger des bananes. Ils ont vraiment un problème par rapport à cette histoire et ils projettent beaucoup de leur propre malaise sur la jeunesse issue de l'immigration."

La conversation a alors dévié vers les garçons et Pamela a raconté son premier grand amour. C'était à la sortie de l'adolescence. Elle dit tout de suite : "Je ne me suis jamais sentie aussi noire qu'en étant avec lui, parce que pour lui, c'était une fierté d'être avec une Africaine." Alors on a parlé de racisme, ici, en Belgique : que veut dire ce mot pour elles aujourd'hui ?

Pamela : "Moi, je suis serveuse dans un théâtre, à Bruxelles. Tous les clients sont adorables, mais il n'y a pas un jour où on ne me demande pas d'où je viens."

Laura : "Et on t'a déjà traitée de sale Noire ?"

Pamela : "Non, mais une fois, je venais de passer un examen et je croise un couple avec son chien. Au moment de passer à côté de moi, le type me dit : « Oh une guenon ! »"

Laura : "Oh mon Dieu !"

Pamela : "Oui, tu me connais. Je pouffe de rire, parce que c'est énorme ! Je me retourne et je vois que le gars s'était retourné aussi ; il attendait de voir ma réaction. Je le regarde et je lui dis : « Écoutez, monsieur, vous vous rendez compte que vous êtes plus poilu que moi ? » Et je me suis cassée. C'était con, j'aurais pu dire autre chose, mais c'est la première chose qui m'est venue."

Laura : "Non, c'est pas mal !"

Pamela : "Bon maintenant ça me fait rire, mais dans le métro je me suis vraiment sentie mal. Je voyais ces gens autour et je me suis dit : « Si ça se trouve, ils pensent tous que je suis une guenon ! » J'étais complètement déstabilisée. Et puis c'est passé. Après, il y a du mépris... Quand on cherche un boulot étudiant, qu'on appelle pour une annonce. On n'a pas d'accent, les gens sont super sympas et puis une fois qu'on y va c'est : « Ah, c'est vous que j'ai eu au téléphone ? – Ben oui, c'est moi madame. – Ah, désolée, on est déjà au complet."

Laura : "Oui, et après l'affiche reste là. C'est commun, ça, et c'est vrai, peut-être qu'on devrait appeler ça du racisme. Mais je pense que ce n'est pas aux jeunes Noirs de dénoncer ça, parce qu'alors, ça passe inaperçu."

Pamela : "Parfois, moi je dis un peu pour rire « Ouais, c'est parce que je suis noire », et mes potes me répondent : « Mais enfin Pam, t'abuses, moi je ne vois pas ça. » Et je leur réponds : « Mais t'es pas confrontée à ça tout le temps comme moi. » Parfois, quand je ne suis pas sélectionnée pour un travail, je me demande : « Est-ce que c'est parce que je ne sais pas tenir un plateau ou parce que je suis noire ? » J'y pense tout le temps."

Laura : "Moi j'arrive à me libérer de tout ça, mais avant, j'appréhendais de rencontrer des nouvelles personnes. L'altérité était une barrière mentale. J'ai mon petit quartier où je suis depuis longtemps, mon petit entourage me protège de tout ça, mais chaque fois que j'arrivais dans des nouvelles situations, j'avais cette peur d'être vue comme une autre. Enfin non, pas une peur, une sorte de paresse. Mais j'essaie vraiment de m'en libérer parce que plus tu le penses, plus ça se manifeste."

Pamela : "Oui, c'est vrai, ça peut engendrer une haine. Moi je me souviens, il y a un professeur de reportage, Patrick Remacle, qui nous avait fait faire un exercice : on devait aller récolter les numéros de téléphone, le nom et l'adresse d'une personne qu'on rencontre dans la rue ! Et moi, la première chose que je dis au prof c'est : « M'enfin monsieur, vous avez vu ma tête ? Avant même d'avoir dit bonjour, la personne va s'en aller ! » Et il a répondu : « Mais Pamela ! Bien sûr qu'il y a des CONS dans la vie, parfois tu vas devoir te dépasser plus que d'autres, mais tous les gens ne sont pas cons. »"

Laura : "Mais peut-être que des cons, on en voit plus que d'autres !"

Pamela : "Et en fait, j'ai fait partie de ceux qui ont récolté le plus de numéros. C'était une belle leçon et bizarrement, après cet épisode-là, j'ai vraiment pris confiance en moi. Quand je vais vers l'autre, j'y vais en tant que Pamela tout court et pas Pamela la Noire. Je n'y pense plus."

Laura : "Et plus tu te présentes comme ça, plus les gens répondront à Pamela. Il y a une chose à faire en Belgique en tant que Noir : même si le racisme est réel, faire en sorte que dans ta tête ça n'existe pas. Si chez l'autre ça existe, c'est son affaire, mais toi tu continues ta vie comme si ça n'existait pas."

AU FAIT : Le génocide rwandais a eu lieu entre avril et juillet 1994 : près d'un million de Rwandais ont été tués. La majorité des victimes appartenait à la minorité Tutsi, alors que les auteurs de cette entreprise d'extermination étaient les Hutus, communauté majoritaire au pouvoir au Rwanda depuis 1962. Plusieurs milliers de Hutus modérés qui n'adhéraient pas à l'idéologie raciste de leurs dirigeants ont aussi trouvé la mort dans le massacre.

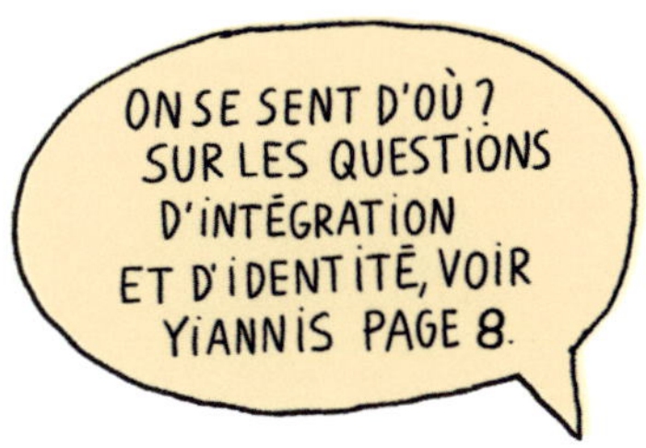

SEAN

À COPENHAGUE

× 28 ANS, DONNEUR DE SPERME
× COURTIER EN ASSURANCES

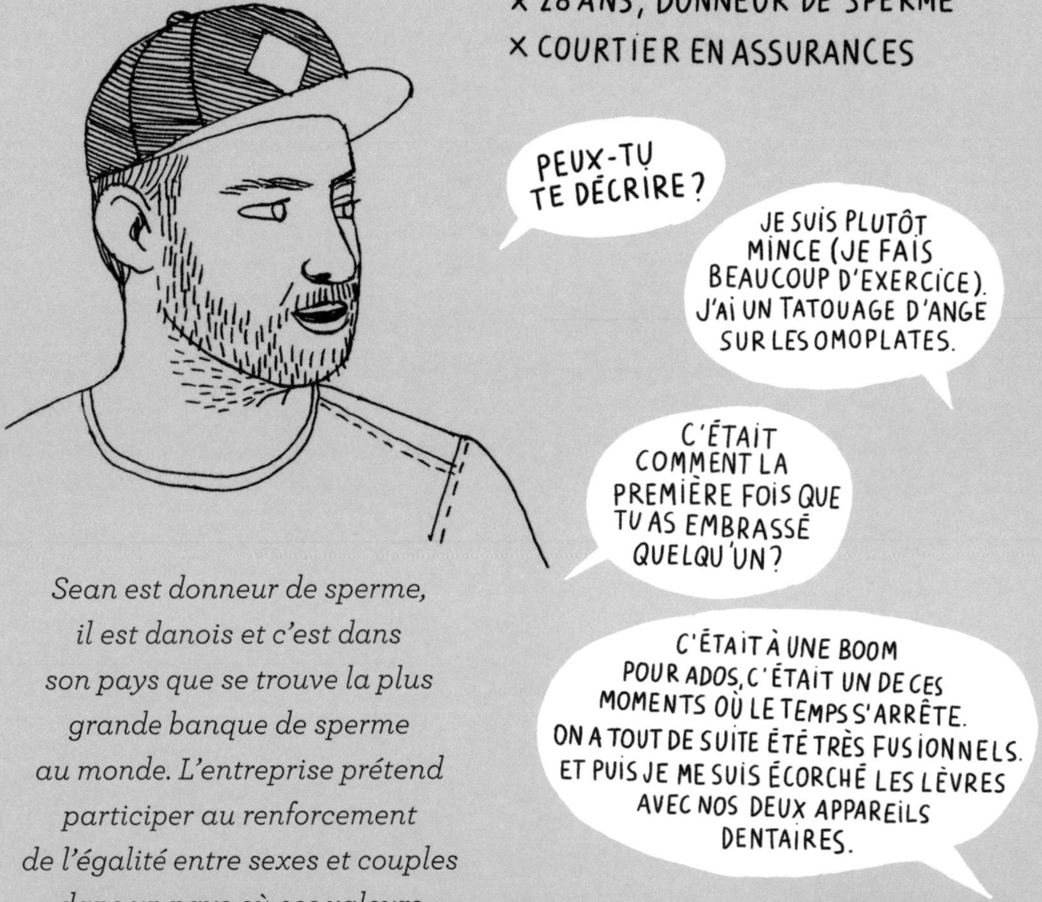

Sean est donneur de sperme, il est danois et c'est dans son pays que se trouve la plus grande banque de sperme au monde. L'entreprise prétend participer au renforcement de l'égalité entre sexes et couples dans un pays où ces valeurs sont mises en avant. Sean a grandi dans cette utopie égalitaire, comment cela a-t-il marqué sa perception du couple et de la famille ?

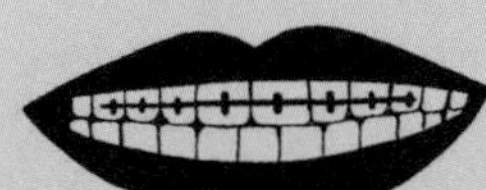

AU FAIT : Le Danemark a été le premier pays au monde à penser une "union légale" entre homosexuels. C'était en 1989.

L'entreprise Cryos nous a donné deux heures pour trouver un volontaire. Les donneurs ont souvent moins de trente ans, on les a vus entrer dans les salles conçues à cet effet et ressortir leur petit pot en plastique à la main. On leur a demandé (délicatement) s'ils accepteraient de nous parler de leur choix. Tous ont refusé, un peu gênés, sauf Sean. Depuis peu, ses amis commençaient à avoir des enfants, lui aussi en ressentait l'envie. Il a entendu les premiers récits de ceux d'entre eux qui ne parvenaient pas à concevoir. Ça l'a effrayé et il a décidé de se faire tester. Les résultats étaient bons et le laborantin lui a proposé de devenir donneur. Il a dit oui, parce qu'il s'est dit qu'il avait quelque chose en lui "qui était bien et qui pouvait servir aux autres". Beaucoup de donneurs sont étudiants ou précaires (ou les deux) et donner du sperme permet d'accéder à un petit "dédommagement". Pour lui qui gagne bien sa vie, le don de sperme est plutôt comparable au don d'organes. On lui demande si l'idée de se retrouver un matin avec des centaines d'en fants l'a effleuré. Il rit et explique que ça ne lui semble pas vraiment juste de parler de "ses enfants" : "Les vrais parents seront ceux qui vont les élever, les nourrir, les aimer." Et comment les imagine-t-il, les vrais parents ? Parmi eux, il y aura sans doute beaucoup d'homosexuels ? Sean s'étonne. Pour lui, Scandinave, le droit aux enfants pour les couples de même sexe semble naturel et intégré. Il a entendu parler de couples de lesbiennes obligées "de sortir un soir en ville pour passer la nuit avec un étranger et solutionner ainsi le problème. Cette méthode du don du sperme est plus propre et les couples savent à 100 % avec qui ils s'engagent, sans devoir mentir ou se cacher".

Il réfléchit un peu, puis ajoute : "Si je pense à ma propre enfance, mes parents sont divorcés, j'ai un frère et une sœur du côté de mon père, un frère et trois sœurs du côté de ma mère et on s'entend très bien. Il n'y a pas de famille « normale ». On ne choisit pas toujours qui on aime. Pour moi, du moment qu'il y a de l'amour, peu importe."

Lui, en ce moment, n'a pas d'amoureuse. Il en avait une quand il a commencé les dons de sperme. Elle n'aimait pas trop l'idée. "Ce n'est pas la seule raison de notre séparation, mais c'est vrai que, pour elle, avoir un partenaire impliquait un sens de propriété, elle ne voulait pas avoir à partager." On pense alors à sa prochaine copine. Elle aussi devra être mise au courant ? Il admet que ce sera un peu particulier de devoir parler de ça lors d'une rencontre amoureuse... "Mais par respect, il faudra que je lui dise assez rapidement. Si pour elle c'est hors de question, il vaut mieux qu'elle sache vite." Il ajoute en souriant : "Bon, quand même peut-être pas aux deux premiers rendez-vous." Mais pour lui, aujourd'hui, les relations amoureuses sont moins pérennes, ce qui suppose un changement d'attitude : "À notre époque, on doit comprendre quand on rencontre quelqu'un que cette personne a eu un passé, peut avoir des enfants de premières unions. Aujourd'hui, c'est ça le couple."

COPENHAGUE
GODDAG !
LE LABORATOIRE EST DANS UN IMMEUBLE RÉSIDENTIEL QUI NE PAIE PAS DE MINE.
DING
CRYOS
L'ÉTIQUETTE « CRYOS » EST COLLÉE SUR UNE SONNETTE. C'EST DISCRET, POUR NE PAS INTIMIDER LES VOLONTAIRES AU DON DE SPERME.
APRÈS DES TESTS MÉDICAUX ET PSYCHOLOGIQUES, SEULS 10 % DE CEUX QUI VIENNENT SE PRÉSENTER SERAIENT ACCEPTÉS COMME DONNEURS.
AU-DESSUS DE L'HORLOGE, IL Y A UNE SILHOUETTE EN CARTON DÉCOUPÉ.
LA DOLCE VITA
IL Y A UNE BELLE PLANTE VERTE.
SEAN DIT : « C'EST TRÈS BLANC, ASEPTISÉ, TRÈS LUMINEUX, ÇA DONNE UN PEU L'IMPRESSION QU'ON EST CHEZ LE DENTISTE, MAIS EN MOINS EFFRAYANT. »

DANS LA SALLE D'ATTENTE
SEAN NOUS FAIT UNE VISITE GUIDÉE DU LIEU.
LA DOLCE VITA
Rita HAYWORTH
Gilda
Glenn FORD
LÀ T'AS DES PETITES SALLES, ET QUAND TU RENTRES, T'AS LA LUMIÈRE, ET PUIS TU ALLUMES LA TV.
TU AS UN ÉVIER POUR TE LAVER LES MAINS, UNE CHAISE, C'EST RUDIMENTAIRE, MAIS DE TOUTE FAÇON L'IDÉE C'EST PAS QUE T'Y FASSES TA VIE...
JE PRÉFÈRE LES FILMS, POUR MOI LES MAGAZINES C'EST UN PEU TROP OLD SCHOOL.
PLEASURE
MY PORNO GIRLS
HOT
MELISSA LAUREN
NUDE AND NAUGHTY
MY FIRST SEX TEACHER
IRANIAN SEX PARTIES
N°33
ON PEUT METTRE DE LA MUSIQUE.
Cryos
TU VOULAIS FAIRE QUOI QUAND TU ÉTAIS PETIT ?
OH, I WAS QUITE INTO POLICEMAN OR FIREMAN.
UNE CABINE (INSONORISÉE)

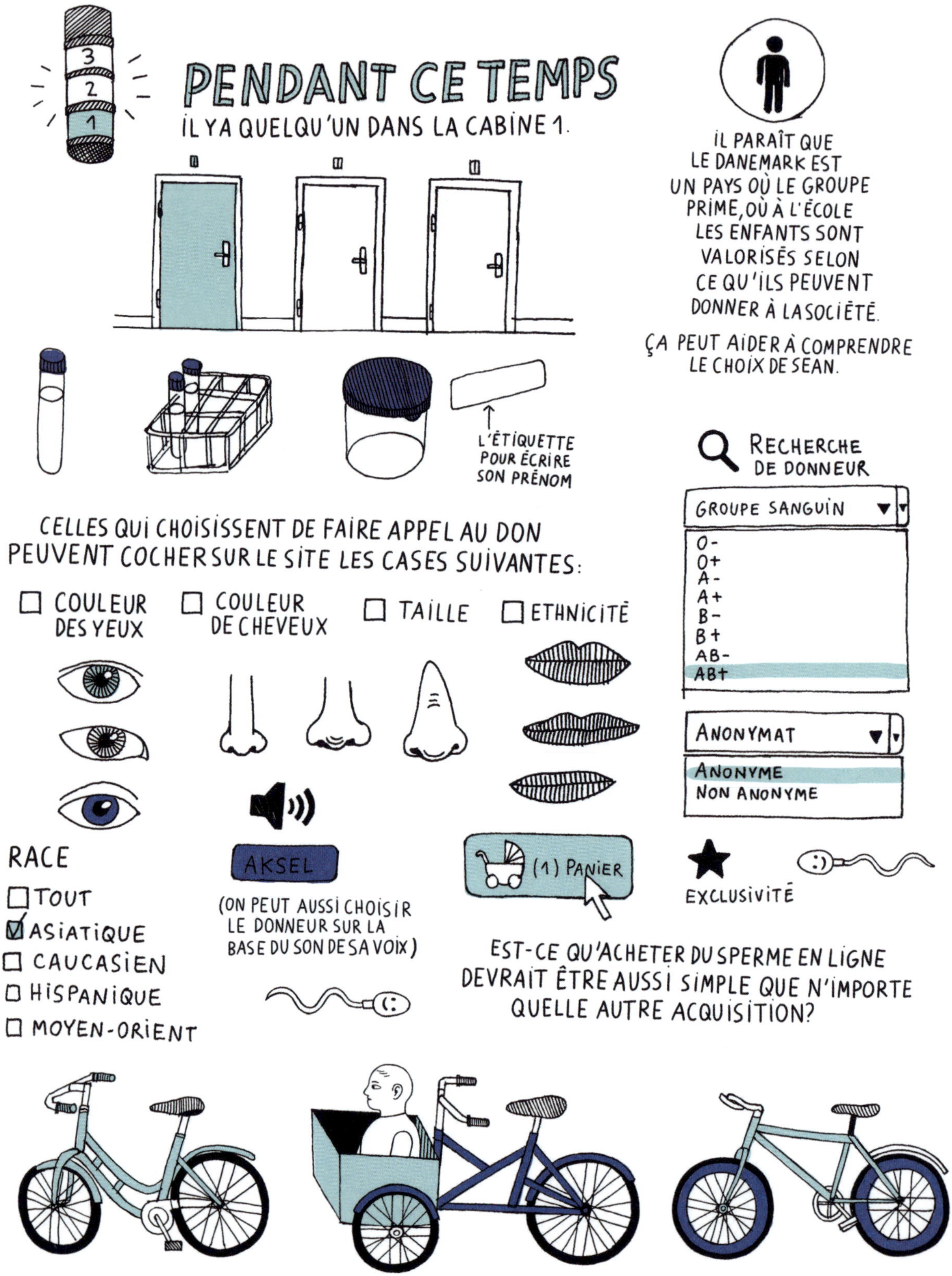
3
2
1
PENDANT CE TEMPS
IL Y A QUELQU'UN DANS LA CABINE 1.
IL PARAÎT QUE LE DANEMARK EST UN PAYS OÙ LE GROUPE PRIME, OÙ À L'ÉCOLE LES ENFANTS SONT VALORISÉS SELON CE QU'ILS PEUVENT DONNER À LA SOCIÉTÉ.
ÇA PEUT AIDER À COMPRENDRE LE CHOIX DE SEAN.
L'ÉTIQUETTE POUR ÉCRIRE SON PRÉNOM
RECHERCHE DE DONNEUR
GROUPE SANGUIN
O-
O+
A-
A+
B-
B+
AB-
AB+
CELLES QUI CHOISISSENT DE FAIRE APPEL AU DON PEUVENT COCHER SUR LE SITE LES CASES SUIVANTES :
☐ COULEUR DES YEUX
☐ COULEUR DE CHEVEUX
☐ TAILLE
☐ ETHNICITÉ
ANONYMAT
ANONYME
NON ANONYME
RACE
☐ TOUT
☑ ASIATIQUE
☐ CAUCASIEN
☐ HISPANIQUE
☐ MOYEN-ORIENT
AKSEL
(ON PEUT AUSSI CHOISIR LE DONNEUR SUR LA BASE DU SON DE SA VOIX)
(1) PANIER
EXCLUSIVITÉ
EST-CE QU'ACHETER DU SPERME EN LIGNE DEVRAIT ÊTRE AUSSI SIMPLE QUE N'IMPORTE QUELLE AUTRE ACQUISITION ?

ON POSE LA QUESTION DE L'EUGÉNISME.
POUR UN COUPLE QUI NE PEUT PAS AVOIR D'ENFANTS, ÇA PERMET DE CHOISIR QUELQU'UN QUI RESSEMBLERA AU MAXIMUM AU PÈRE
QUAND TU SORS EN BOÎTE, TU VAS TE DIRE, MOI J'AIME LES MECS AVEC CETTE TAILLE-LÀ, DES YEUX BLEUS, ETC.
C'EST UN PEU LA MÊME CHOSE, NON ?
SEAN A ACCEPTÉ D'ÉCRIRE UNE LETTRE À SON ENFANT POTENTIEL.
PFFFFOUU
ON LUI POSE DES QUESTIONS QU'IL TROUVE DIFFICILES.
J'AI PRIS UN STYLO ET UN CARNET AVEC MOI AU TRAVAIL, ET DÈS QUE J'AVAIS 5 MINUTES, JE RÉFLÉCHISSAIS, JE PRENAIS DES NOTES...
ET PUIS J'AI TOUT REGROUPÉ. JE LUI AI ÉCRIT QUE J'AVAIS FAIT LE CHOIX DE DEVENIR DONNEUR PARCE QUE ÇA ME SEMBLAIT UNE BELLE OPPORTUNITÉ D'AIDER DES INCONNUS.
EN FAIT, JE VOULAIS QU'IL SACHE QUE JE NE L'AVAIS PAS FAIT JUSTE POUR L'ARGENT.

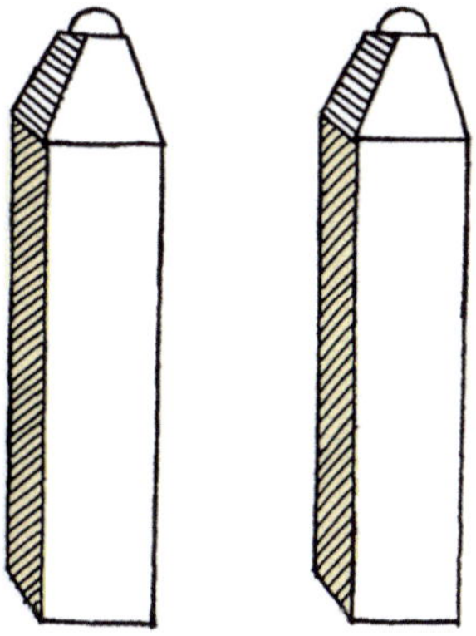

AMRA

À SARAJEVO

× 27 ANS × ÉTUDIANTE EN DROIT

TU COLLECTIONNAIS QUOI PETITE ?

LES COQUILLAGES ET LES SAVONS.

DE QUOI TU AS PEUR ?

DE LA VIE RATÉE ET DES CAFARDS.

QU'EST-CE QUE TU ESPÈRES ?

ARRIVER À TOUJOURS FAIRE DE MON MIEUX.

À la fin de la Seconde Guerre mondiale, on avait dit “Plus jamais ça” et créé l'Union européenne. Et puis, il y a vingt ans, ça s'est reproduit : une guerre entre peuples prétendus différents (Bosniaques, Serbes et Croates), un siège et un génocide aux portes de l'Europe. Amra a un regard particulier sur cette histoire : son père est bosniaque musulman et sa mère serbe orthodoxe.

“Pour moi, être née d'un mariage mixte, c'est une richesse. Je ne suis pas croyante, mais grâce à ce double héritage, j'ai l'impression de connaître une partie de la tradition occidentale et une partie de la tradition orientale. Mais ça a parfois été difficile : pendant la guerre, un jour, des hommes du parti nationaliste bosniaque musulman ont demandé à mon père de divorcer de sa femme serbe, ma mère, pour épouser une musulmane. Ils ont promis qu'il aurait alors une place dans le parti. Je m'en souviens, ils ont frappé à la porte, accompagnés de cette femme. On a ouvert, ils m'ont chassée : « Va dans ta chambre. » Mais j'ai compris de quoi il s'agissait. Depuis la fin de la guerre, on continue régulièrement à reprocher à mes parents leur mariage.”

Amra a déjà fait les trois heures de route qui relient Sarajevo à Srebrenica, mais Emir, son amoureux, jamais. Or c'est là qu'a eu lieu le pire massacre de la guerre : 8 000 hommes y ont été tués en 1995. Amra et Emir n'ont pas perdu de membres de leurs familles et ont davantage souffert des conséquences du conflit que du conflit lui-même. Mais Amra tient à se confronter régulièrement à ce passé. Alors un dimanche, elle amène Emir voir ce qu'il reste comme traces du génocide et comment on entretient le souvenir du drame. C'est lui qui va conduire. Il est gardien de nuit dans un bâtiment public de Sarajevo et ils sont en couple depuis un peu plus d'un an. Comment a commencé leur histoire ?

"Emir travaillait dans le voisinage et, chaque fois que je passais pour aller à l'université le matin, il disait : « Eh la voisine ! Viens boire un café avec moi, je m'ennuie sans toi, je vais mourir sans toi. » Et un jour, on l'a bu, ce café ! Il me fait rire et je suis plus heureuse depuis que je suis avec lui. On parle de plein de choses, de tout, sauf de l'avenir. Sinon, j'irais m'enterrer dans un trou : il y a 60 % de chômage pour les jeunes ici, donc si on parle d'avenir, c'est pour blaguer, l'humour est la seule sortie."

Quand on quitte Sarajevo par les hauteurs, la route longe la montagne et, à notre droite, les rochers montent à pic. Très régulièrement, parfois tous les quelques mètres, on aperçoit des bouquets de fleurs le long de la route. On demande à Amra s'ils ont été posés là pour les victimes d'accidents de voiture. Elle répond :

"Non, ce sont des victimes de la guerre. La guerre n'est pas un accident."

On s'arrête devant un petit enclos. Il y a une plaque de marbre, une photo en noir et blanc et des fleurs en plastique. On demande à Amra de traduire ce qui est écrit sur la plaque.

"Sa date de mort, c'est 1995, tu vois, c'est bien la guerre. C'est écrit : « Il est tombé, d'une balle ennemie, ça a coupé sa jeunesse, sa mère pleure pour lui et celui qui passe ici, qui lit ces paroles, qu'il n'oublie jamais. » Voilà, c'est à peu près ça."

On ne sait pas s'il est noté de quel ennemi il s'agit. Si c'est le cas, Amra a choisi de ne pas traduire. On s'étonne de voir ces tombes encore fleuries, près de vingt ans après la fin de la guerre.

"C'est parce que la guerre est toujours d'actualité, ça touche des blessures qui sont encore ouvertes. Elle a laissé tellement de marques qu'on en parle encore et encore et encore. Ça n'arrête pas, chaque jour, d'une manière ou d'une autre, elle est présente dans les journaux."

Des moutons, des barrières en bois, des champs cultivés, des potagers, des toits rouges, on dit à Amra : "Il est beau ton pays !" Elle est d'accord avec nous. On descend la vitre pour demander : "C'est par où Srebrenica ?" Une dame nous répond : "Toujours tout droit." De plus en plus, les panneaux en bord de route sont écrits en cyrillique, preuve que nous sommes entrés en territoire serbe.

Depuis les accords de Dayton qui ont mis fin à la guerre en 1995, la Bosnie est divisée en deux entités : d'un côté la Fédération de Bosnie-Herzégovine, qui est croato-bosniaque et qui a pour capitale Sarajevo. De l'autre côté, il y a la Republika Srebska, la République serbe de Bosnie, où se trouve Srebrenica. Régulièrement, leurs responsables politiques serbes demandent l'indépendance.

"Ils savent que ça ne va pas arriver, mais c'est leur façon de gagner des voix nationalistes. Ils mettent la responsabilité de la mauvaise situation économique sur la Fédération des musulmans et des Croates, ou sur l'Union européenne. Bref, pour eux c'est la faute des autres. Mais c'est le même principe de notre côté de la frontière. Pour les politiciens, c'est toujours la faute des autres."

On arrive enfin à Srebrenica. Amra nous montre l'usine où près de 5 000 personnes ont été abattues. En face, il y a un grand mur et, derrière, le mémorial aux victimes du génocide. C'est très calme. On entend parfois passer une voiture et, au loin, dans le magasin de souvenirs, quelqu'un diffuse des prières musulmanes. En entrant dans le cimetière, on découvre des tombes blanches à perte de vue et, sur une plaque de marbre qui brille au soleil, il y a la liste des 8 000 tués.

"Pour chaque famille, il y a de longues listes de prénoms. Des familles entières supprimées de la terre !"

On observe en silence jusqu'à ce qu'Emir prenne la parole. Amra traduit.

"Moi c'est la première fois que je viens et que je suis vraiment ému. À la télévision, tu en entends parler, mais ce n'est qu'en venant que tu peux vraiment sentir la tragédie."

Entre les tombes, on distingue des têtes colorées couvertes de foulards. Il y a surtout des femmes, venues prier ou fleurir les tombes. Au fond du cimetière, des hommes creusent pour ensevelir les ossements qu'on continue à identifier, année après année. Ici sont enterrés des musulmans, tués par des Serbes. On demande à Amra si le fait d'être née d'un couple mixte change quelque chose dans son rapport à ce lieu.

"Ça ne me pose pas de problème. Quand je regarde les criminels qui ont tué tous ces gens, je ne les perçois pas comme des Serbes, je les perçois comme des monstres. Et les victimes sont pour moi des victimes, pas des musulmans, serbes ou croates. La vraie leçon serait d'avoir un seul mémorial pour tous les gens tués pendant la guerre, de toutes religions. Je sais, c'est facile pour moi qui suis athée de rêver de ça. Mais au moins, on aurait vraiment appris. Les différences entre les Serbes, les Croates et les Bosniaques sont tellement mineures, nous sommes de la même ethnie, à part nos religions, tout est identique, même la langue !"

On reprend la route. Au carrefour d'un village, suspendu à un barbecue de fortune, un animal tourne sur une broche. On s'arrête. On nous sert de la viande et une salade de tomates mémorable. L'homme qui s'occupe de surveiller la cuisson de l'animal se met à chanter. Amra sourit.

"C'est drôle, il chante du Šaban, qui est un chanteur musulman. Tout le monde, même les Serbes, chante ses chansons. C'est comme nous, on écoute Ceca, or c'est la femme d'un criminel de guerre. On écoute cette chanteuse parce qu'on l'aime, point barre."

On lui demande si ici, en Bosnie, elle se sent plus proche de l'Orient ou de l'Occident.

"Nous sommes une civilisation occidentale, pas orientale, et même géographiquement, on est en Europe. Mais quand on regarde l'économie, la corruption, la citoyenneté, on n'est pas en Europe. Parce que chez vous, s'il y a quelque chose qui ne vous plaît pas, vous êtes devant le Parlement, vous êtes prêts à vous battre. Le peuple est très engagé. Chez nous, c'est autre chose, on connaît mal la démocratie. Or elle existe pour le peuple. On doit faire comprendre aux politiciens qu'ils se battent pour nous et qu'ils doivent avoir peur de nous. Ce sont ces notions-là qu'on devrait prendre de l'Europe.

Par contre, pour ce qui est du problème des nationalismes, je ne suis pas sûre que l'Europe soit un bon exemple. Chez nous les fêtes nationales sont musulmanes et chrétiennes. C'est rare, les lieux où trois religions cohabitent à égalité. En France, ce n'est pas le cas : c'est Noël et Pâques. *Idem* en Allemagne et en Angleterre, ce sont les protestants qui règnent. Donc l'Europe, je ne crois pas qu'elle puisse nous dire comment vivre ensemble avec ces trois religions. L'esprit de tolérance, on doit le construire nous-mêmes. Il n'y a que nous qui pouvons nous sortir de nos difficultés. Mais je ne sais pas quand on va se réveiller."

Amra étudie le droit pour un jour participer à la lutte contre la corruption. Elle s'intéresse beaucoup à la politique, mais n'est engagée auprès d'aucun parti. Est-ce que, selon elle, la politique peut changer les choses ?

"L'État ne nous a jamais appris à nous engager. On est vraiment la génération perdue. On est trop préoccupés par le chômage et le désespoir qui règne. Quand tu ne te sens pas bien, tu n'es pas capable d'aider l'autre. On a des responsabilités, mais on ne les accomplit pas, parce qu'on n'accomplit même pas celles qu'on a envers nous-mêmes. Le peuple peut changer ce pays et, pour que la politique change, il faut que le peuple change, mais pour que le peuple change, il faut que la politique change. C'est un cercle vicieux et je ne sais pas comment le briser."

Et aller à Srebrenica, ça te fait quoi ?

"C'est notre devoir de savoir ce qui s'est passé ici, d'en tirer des leçons. C'est le devoir de tous les Bosniens. En y allant, j'ai plus un sentiment de tristesse que de haine. Beaucoup de gens ont été manipulés, et personne n'a gagné cette guerre. Personne."

ANDREEA

À BUCAREST

× 34 ANS

× RÉDACTRICE PUBLICITAIRE ET AUTEUR D'UN BLOG DE DESSINS*

TU PEUX TE DÉCRIRE ?

JE SUIS BRUNE, JE NE SUIS NI TRÈS BELLE NI TRÈS MOCHE.

Andreea a grandi pendant l'époque communiste en Roumanie. Elle se souvient des longues files devant les magasins, du froid et des livres censurés. Les adultes luttaient pour trouver à manger, mais elle dit avoir eu une très belle jeunesse. Elle se rend compte aujourd'hui du décalage que la transition vers la démocratie a créé entre elle et sa mère. On est allées la voir pour comprendre.

QU'EST-CE QUE TU COLLECTIONNAIS QUAND TU ÉTAIS PETITE ?

LES SURPRISES DES CHEWING-GUMS TURCS TURBO.

* WWW.ANDREEACHIRICA.COM

D'habitude, Andreea n'y va qu'une fois à Noël et une fois à Pâques et déjà, cela lui semble trop. Medgidia, sa ville natale, est à trois heures de la capitale roumaine et quand on lui demande de nous décrire le lieu, elle répond : "Il y a sept écoles, trois lycées, pas de cinéma, pas de théâtre, une pizzeria et une promenade au bord du canal. Il ne s'y passe rien." Andreea a accepté de nous montrer ce "rien".

Nous sommes intriguées parce que sa ville de naissance est le décor de son livre de dessins, *The Year of the Pioneer*. Andreea y décrit son enfance communiste et la dure période de transition qui a suivi. Le père d'Andreea est mort quand elle était très jeune et, dans le livre, sa mère est représentée en héroïne qui, à force de ruses et d'inventivité, est parvenue à faire oublier les soucis financiers, le froid et les coupures de courant à ses deux jeunes enfants.

"Ma mère, comme beaucoup de femmes de cette époque, a développé des aptitudes combatives. Ce n'est pas un trait de caractère dont j'ai hérité. Peut-être parce que ma vie a été beaucoup plus facile que la sienne." On lui demande pourquoi. Elle répond tout de suite : "Peut-être parce que moi j'ai le luxe de me poser ce genre de questions. J'ai des options de vie que ma mère n'a jamais eues." Ce qui forcément crée un décalage entre les deux femmes. Andreea essaie de préciser pourquoi : "À l'époque de ma mère, ils se mariaient tôt, ils avaient des enfants jeunes et un travail pour la vie. J'ai le sentiment de devoir réconcilier deux mondes : j'aimerais avoir une bonne vie selon les standards de ma mère, mais c'est difficile, parce que je ne suis pas mariée, je n'ai pas d'enfants et j'ai un travail qu'elle ne comprend pas."

Andreea nous dira plus tard qu'au moment de notre rencontre, elle venait de se séparer de son copain. On s'est dit que ça expliquait peut-être les mots qu'elle a choisis ensuite pour parler de sa génération, celle "qui ne grandit pas" : "On n'arrive pas à l'âge adulte. On peut faire tellement de choses par rapport à nos parents, mais on ne sait pas ce qui nous rendrait heureux. Si une relation amoureuse ne marche pas, on se sépare. L'idée d'avoir des enfants me fait très peur, je n'ai pas de voiture, je dépense mon argent en voyages et en fringues, je ne prends pas mon travail trop au sérieux et je vis de salaire en salaire, sans prévoir."

Après des kilomètres de plaines, de territoires agricoles abandonnés, on aperçoit au loin Medgidia. On demande à Andreea si elle pense que sa mère est heureuse là-bas. Cette fois, Andreea réfléchit plus longuement. "Je ne lui ai jamais posé la question. J'aurais un peu peur de lui demander. Ensemble, on parle de choses concrètes, basiques, mais jamais de bonheur."

Il fait très beau et très froid quand on descend du train. Andreea dit que peut-être le froid est ressenti différemment ici parce que tout est plat. Elle écrase sa cigarette et nous précède dans le "multi-taxi" qui fait la navette entre la gare et le centre-ville.

Au deuxième étage d'un immeuble fatigué, la mère d'Andreea nous ouvre et nous embrasse comme si ce n'était pas la première fois qu'on se rencontrait. Elle accepte de répondre à nos questions sur l'époque communiste. Elle parle surtout de son père, détenu politique pendant huit ans. Il a, avec les autres prisonniers, participé à la construction du canal qu'on a vu traverser Medgidia. Quand il a été libéré, la mère d'Andreea se souvient qu'il n'osait rien dire. Il avait perdu toutes ses dents et il avait peur. "Il a vécu encore dix ans après cela et il est mort, sans rien nous avoir raconté."

La mère d'Andreea a peu évoqué tout cela avec ses enfants, "par peur de leur faire mal", dit-elle. Et par peur aussi des micros qui auraient pu être installés dans la maison. "Peut-être qu'ils sont encore là", ajoute-t-elle en souriant.

On demande à Andreea si elle a une dernière question pour sa mère. On est surprises de l'entendre demander : "Aujourd'hui, es-tu heureuse maman ?" Après un silence, la mère d'Andreea répond : "J'ai été heureuse quand je vous ai eus, vous. Avec toutes les difficultés de cette époque, vous m'avez tenue en vie."

AU FAIT : Nicolae Ceausescu a été le président de la Roumanie communiste de 1965 jusqu'à la révolution roumaine en 1989, lorsqu'il a été renversé et fusillé. Il est souvent désigné comme le dirigeant le plus autoritaire des pays satellites de Moscou pendant l'ère soviétique.

BUCAREST
IL FAIT ENCORE NOIR ET TRÈS TRÈS FROID DANS LA GARE. ON PREND LE PREMIER TRAIN POUR MEDGIDIA.
ROUMANIE
BUCAREST
MEDGIDIA
C'EST OÙ ANDREEA ?
A
A
DANS LE MILIEU DU PAYS, SUR LE CANAL DANUBE / MER NOIRE, OÙ IL N'Y A JAMAIS AUCUN BATEAU QUI PASSE.
AUTANT DIRE QU'ON PART POUR NULLE PART.
LE CONTRÔLEUR
DANS LE TRAIN
PAR LA FENÊTRE, ON VOIT...
LE CHANGEMENT APRÈS LA CHUTE DE L'URSS A ÉTÉ TRÈS RAPIDE. MAIS PLUS DANS LA FORME QUE DANS LE FOND. LES JEUNES À BUCAREST VIVENT COMME À L'OUEST, MAIS LES PLUS ANCIENS SONT RESTÉS ACCROCHÉS AUX PRINCIPES DE VIE D'IL Y A 50 ANS.
DES USINES (DANS LES ANNÉES 90, À LA CHUTE DE L'URSS, LES ENTREPRISES N'ONT PAS SURVÉCU AUX PRIVATISATIONS)
MEDGIDIA
DES DÉPÔTS DE CÉRÉALES ABANDONNÉS
DES CHAMPS

ANDREEA BALAIE DE LA MAIN :
VOILÀ LE CENTRE : LA POSTE, LES CAFÉS ET LE PETIT PARC PRÈS DU CANAL.
TU VENAIS SOUVENT ICI ?
OUI, TOUS LES JOURS APRÈS L'ÉCOLE. ICI, LES FILLES ET LES GARÇONS POUVAIENT S'EMBRASSER DISCRÈTEMENT DANS LES BUISSONS.
TU RÊVAIS À QUOI ?
PARTIR D'ICI LE PLUS VITE POSSIBLE.
LE PARC
TU TE SOUVIENS DE 1989 ET DE LA CHUTE DE L'URSS ?
OUI, J'ÉTAIS AVEC MON ONCLE QUI AVAIT DIT : « TU NE TE RENDS PAS COMPTE DE CE QUI SE PASSE EN CE MOMENT, MAIS TU VAS ÊTRE HEUREUSE, PARCE QUE TU VAS POUVOIR T'ACHETER DES JEANS ET DES CHEWING-GUMS. »
ON COMMANDE TROIS CHOCOLATS CHAUDS DANS LE RESTAURANT « GALAXY ».

CHEZ LA MAMAN D'ANDREEA
LA MÈRE D'ANDREEA HABITE À QUELQUES RUES DU CENTRE.
STR PODGORIILOR. Nr 28
BLOC VS 14 SCB
APT. 21-40
UNE PHOTO D'ANDREEA PETITE, TRÈS SÉRIEUSE
2,5 L
5L VARA
DEVANT SON IMMEUBLE, ENFONCÉES DANS LE SOL, DES BOUTEILLES EN PLASTIQUE PROTÈGENT LES JEUNES POUSSES DANS LE SOL GELÉ.
PENDANT L'ÉPOQUE DE CEAUCESCU, POUR NE PAS PASSER TA VIE DANS LES FILES D'ATTENTE, TU ALLAIS AVANT L'OUVERTURE DU MAGASIN ET TU DÉPOSAIS TON SAC.
À L'HEURE DE L'OUVERTURE, TU VENAIS DANS LA FILE, ET TU REPRENAIS LA PLACE DE TON SAC.
LA TÉLÉVISION ÉTAIT EN NOIR ET BLANC. IL Y AVAIT BEAUCOUP DE PATINAGE ARTISTIQUE, ON JOUAIT À DEVINER LA COULEUR DES COSTUMES DES PATINEURS.

DANS LE FOUR, IL Y A UN GÂTEAU AU FROMAGE.
ON N'AVAIT DE LA LUMIÈRE ET DU CHAUFFAGE QUE QUELQUES HEURES PAR SOIR.
The Year of the Pioneer
by Andreea Chirică
HARDCOMICS 11
D'AILLEURS ANDREEA S'EST DESSINÉE AVEC SON FRÈRE DANS SON LIVRE, IL EST TRÈS TÔT ENCORE, MAIS ILS SONT AU LIT, PARCE QU'IL N'Y A PLUS DE LUMIÈRE, ALORS AUTANT ESSAYER DE DORMIR.
LE LIVRE D'ANDREEA
LA DIFFÉRENCE ENTRE TA GÉNÉRATION ET CELLE DE TA MÈRE ?
JE SUIS PLUS IMPULSIVE ET JE RÉFLÉCHIS MOINS AUX CONSÉQUENCES. JE SUIS TRÈS HEUREUSE DE VIVRE À UNE ÉPOQUE OÙ JE PEUX ME PERMETTRE D'ÊTRE IMPULSIVE.

JOE À LONDRES

× 31 ANS, ANCIEN SOLDAT DEVENU JOURNALISTE.

DE QUOI TU AS PEUR ?

DES PORTES TOURNANTES ! C'EST QUOI L'INTÉRÊT ? POURQUOI ON N'A PAS DES PORTES NORMALES, ÇA MARCHE TRÈS BIEN !

× CHEVEUX BRUNS (CERTAINS DISENT BLONDS, SURTOUT L'ÉTÉ)

UN DÉTAIL DE LA DERNIÈRE PERSONNE DONT TU ES TOMBÉ AMOUREUX ?

ELLE EST TRÈS CALME.

Notre génération a grandi avec les conséquences du 11 septembre 2001 ; l'impression de vivre dans un monde divisé en deux blocs irréconciliables. C'est suite aux attentats que Joe s'est engagé dans l'armée pour participer à la "guerre contre la terreur" en Afghanistan. Une fois là-bas, il s'est rendu compte qu'il avait été trompé.

Joe est grand, épais, il a un début de barbe, du gel dans les cheveux, et il portait ce jour-là un pull à capuche noir. On l'imagine mal en uniforme. Après avoir résolu l'habituelle question du nombre de bises à se faire, on lui a demandé pourquoi il avait proposé qu'on se retrouve ici, à Hyde Park Corner, au milieu d'une collection de monuments aux morts. Il y a le mur aux héros australiens, une statue de Wellington avec son cheval et ses soldats, un mémorial pour le régime royal d'artillerie et Marble Arch, "une version cheap de votre Arc de Triomphe", dit Joe.

"Je trouve ça bien de commémorer ces événements, mais la manière dont c'est fait m'inquiète parfois un peu. Les monuments de la Première Guerre mondiale sont souvent assez solennels et sobres, mais Wellington, là-bas, est un peu glorifié. Un homme sur un cheval avec une épée : la guerre a l'air cool comme ça."

On se fraie un passage entre les groupes de pigeons que nourrissent les touristes, Joe dit qu'il déteste ces oiseaux presque autant que les monuments aux morts. On arrive devant ce qui ressemble à un mémorial aux soldats de la Première Guerre mondiale.

"Ça, c'est la guerre de mon arrière-grand-père. Il s'est battu en Italie, il était mitrailleur. Il avait dix-huit ans à la fin de la guerre."

Tu crois que tes enfants ou tes petits-enfants vont aussi faire la guerre ?

"Aucune idée ! J'espère que non, mais qui peut savoir ? Mon arrière-grand-père a sans doute un jour espéré la même chose pour moi. Sur une de ses médailles de la guerre de 14-18, il était d'ailleurs marqué : « La guerre pour arrêter toutes les guerres. » Apparemment, ce n'était pas vrai."

Tu étais où, toi, le 11 septembre 2001 ?

"Je devais avoir environ dix-huit ans, j'étais en train de poser une moquette, je travaillais à mi-temps dans un magasin de tapis et l'info est passée à la radio. Je crois que je ne savais même pas ce qu'étaient les tours jumelles. Ni même où était l'Afghanistan. Et le mec qui travaillait à ce moment-là avec moi était en fait un vétéran, il avait fait la guerre des Malouines. En entendant la nouvelle, je me souviens qu'il a dit : « Le monde va changer. » C'était un homme très sage. Moi, je n'y comprenais pas grand-chose."

Est-ce que cela a compté plus tard dans ton choix de t'engager dans l'armée ?

"Oui, je crois, parce que même si pour moi, c'était très vague, j'avais l'impression que c'était présenté comme l'appel aux armes pour ma génération. Pour mon grand-père, ça avait été la Seconde Guerre mondiale, et la lutte contre le fascisme. J'avais le sentiment que pour moi, c'était ça. Qu'il y avait un ennemi : les fondamentalistes musulmans et Al Qaïda, ce serait ça, la lutte ! Il faut dire que pour les gens de mon milieu qui s'engagent dans des armées professionnelles, il y a souvent des motivations idéologiques, mais aussi des motivations économiques : l'armée, ça peut souvent paraître mieux que l'usine."

AU FAIT : La "guerre contre la terreur" a été lancée en 2001 par le président américain George Bush en réponse aux attaques du World Trade Center du 11 septembre. Des campagnes militaires qui ont été engagées en Afghanistan et en Irak notamment ont duré plusieurs années et le bilan de cette "guerre" est globalement négatif. Selon l'Institute for Economics and Peace, "la violence terroriste n'a pas diminué sur la planète. Il y a eu, en 2011, quatre fois plus de victimes de la terreur qu'en 2002. La fameuse guerre contre la terreur n'a donc pas amélioré la sécurité globale".

Tu as écrit un livre, *Soldier Box*, dans lequel tu expliques qu'au début, l'armée t'a plu parce qu'il y a de la camaraderie, il y a du sport, de la discipline. Puis à un moment, tu as décidé de te porter volontaire pour aller à l'étranger, pour partir en Afghanistan. Pourquoi ?

"Oui, parce qu'on est entraînés pour partir à l'étranger. On t'explique que c'est ça ton boulot et c'est vrai que rester dans les casernes en Angleterre, à moins d'être juriste ou docteur, ce n'est pas l'idéal. Tu te retrouves à devoir faire des merdes : peindre l'herbe en vert, cirer des bottes, ou du travail de garde sans intérêt. Toute la culture militaire est construite autour de l'idée qu'il faut partir si on veut devenir de VRAIS soldats. Si tu pars, tu gagneras plus d'argent, tu seras promu et ce sera plus impressionnant pour les filles : des arguments qui comptent quand tu as vingt ans. Et puis surtout, c'était excitant, je me suis retrouvé dans un avion pour la première fois de ma vie. Alors que tous les mecs de mon âge partaient en vacances à Ibiza, moi je partais pour Kaboul."

Et à ce moment, cette guerre contre la terreur, elle signifiait quoi ? C'était une guerre juste ?

"Je partais là-bas avec l'idée que j'allais construire des infrastructures, que j'allais aider des petites filles à aller à l'école. On me disait que j'allais me battre contre la culture de l'opium et les talibans. Il y avait toutes ces raisons et elles me semblaient suffisantes pour partir. Mais la vérité, c'est que quand tu es soldat, on te dit que la politique n'entre pas vraiment dans tout ça. Évidemment, maintenant, je sais qu'il n'y a rien de plus politique qu'un travail de soldat. Mais quand tu as vingt ans, on te dit de te contenter de faire ce qu'on te demande, de ne pas t'inquiéter et que réfléchir à tout ça, c'est le travail du gars qui est plusieurs rangs au-dessus du tien et qui est payé pour ça. Pour certaines personnes, ce discours tient, pour moi, ça n'a pas duré longtemps."

Qu'est-ce que tu as ressenti en arrivant en Afghanistan ? Tu as été envoyé à Kandahar, est-ce que la réalité du terrain était comparable à ce que tu avais pu imaginer ?

"Je ne savais pas trop à quoi m'attendre ! À part qu'il y aurait beaucoup de sable et de musulmans dangereux."

Alors, c'était comment en vrai ?

"Les Américains avaient construit une ville très étrange et artificielle au milieu de l'Afghanistan. Et on était barricadés là dans la poussière. Mon travail, c'était de charger et de décharger des munitions. C'était une drôle d'expérience, je crois que c'est ce que vivent la majorité des militaires qui vont là-bas. On ne se bat pas : on est assis dans un camp dans la chaleur et on se fait tirer dessus avec des roquettes."

À Londres, il fait froid, alors on se remet en marche. De retour dans la circulation, on voit passer des policiers à moto qui précèdent une voiture aux vitres teintées. "Peut-être un membre de la famille royale", dit Joe. Il croit avoir reconnu la princesse Anne. "Mais pour moi, ils se ressemblent tous, ils ont tous des têtes de cheval." Le convoi passe et les sirènes s'éloignent. On lui demande si encore aujourd'hui, quand il entend ce type de bruits forts et soudains, il ressent parfois les effets du stress post-traumatique.

"Certaines choses me font cet effet, les sons qui sifflent me rappellent les tirs de mortier, et puis le son des pneus sur les routes mouillées, je ne sais pas pourquoi, ça me fait réagir bizarrement. Mais ça va, ça vient."

Pour revenir à l'Afghanistan : à partir de quand as-tu commencé à douter de ton rôle là-bas ?

"Après quelques mois, je me suis rendu compte qu'au lieu de stabiliser la région on ne faisait que la rendre plus instable et plus dangereuse. Et je réalise maintenant qu'on était nombreux à penser comme ça. Mais il n'y a pas de forum dans l'armée. On ne peut pas poser de questions. En tant que simple soldat, tu ne peux pas dire : « Euh, je crois qu'il faut qu'on en discute. » On n'est pas dans un club de débats à Oxford ! Tu es dans l'armée, tu continues ton travail et tu fermes ta gueule."

Alors au moment d'être renvoyé une seconde fois en Afghanistan, Joe refuse de partir. Il tente d'utiliser les recours prévus pour éviter un redéploiement. Il échoue et décide de déserter. Il prend un billet pour Bangkok et "disparaît". Loin, il travaille, il lit, il s'informe et il apprend à exprimer et politiser son malaise. À lui donner du sens. Quand il rentre en Grande-Bretagne près de deux ans plus tard, il décide de prendre la parole contre l'intervention militaire en Afghanistan.

"J'ai commencé à parler à la radio. La première fois, je ne savais pas comment les gens allaient réagir et, en rentrant au camp, j'étais étonné de voir que plein de mecs venaient me voir pour me dire : « Tu as raison mec, évidemment que l'Afghanistan c'est une connerie. »"

On passe devant Marble Arch, autre lieu de symboles où débutent souvent les grandes démonstrations anti-guerre qui ont marqué l'Angleterre depuis le choix de Tony Blair de s'engager dans la guerre en Irak en 2003. Joe décide de participer aux manifestations pacifistes de 2009 ; c'est suite à cela qu'il sera arrêté et condamné à neuf mois de prison.

Est-ce que c'était la première fois qu'un soldat intervenait de cette façon-là pour dénoncer la situation ?

"Pour l'Afghanistan, oui. Il y a eu un docteur de l'Air Force qui avait fait quelque chose de similaire pour l'Irak. Il faut bien dire une chose, j'étais le seul à résister publiquement, mais je connais plein de mecs qui résistent en interne. Beaucoup de soldats ont quitté l'école quand ils avaient douze ou treize ans, donc même s'ils sont objecteurs de conscience, ils n'ont pas vraiment le vocabulaire pour comprendre leur ressenti, ils ne l'expriment pas comme ça. Mais évidemment, derrière les murs, ce type de résistance est courant."

Et toi, pourquoi est-ce que tu dirais qu'au lieu de garder ça en interne, tu as décidé de porter ça vers l'extérieur ? Qu'est-ce qui a fait la différence entre toi et les autres ?

"Techniquement, je suis encore moins éduqué, je suis très peu allé à l'école. J'étais scolarisé à la maison, donc je n'ai jamais vraiment appris à obéir. C'est peut-être un peu pour ça. Mais je n'ai pas vraiment la réponse. Si je le savais, j'en ferais une recette, je la mettrais en vente et on aurait de grandes rébellions sublimes dans l'armée !"

En prison, Joe devient un symbole et il est un de ceux dont on dit qu'ils ont participé ici à ébranler la confiance en cette guerre contre la terreur.

"Depuis 2006, depuis l'intervention en Afghanistan, la guerre est de moins en moins populaire, et ce ne sont pas seulement les gens de gauche qui la dénoncent. Je crois que de manière générale, cette prétendue « guerre contre la terreur » a eu un impact sur la vision de la politique et des partis traditionnels que peut avoir notre génération. Ça a vraiment abîmé notre confiance en la politique."

On s'installe dans un pub et on commande des bières. Derrière, on entend les commentaires d'un match de foot à la télévision. On se réchauffe un peu et on lui demande :

Est-ce que tu saurais définir un moment où tu as eu le sentiment de devenir adulte ?

"Sans doute le moment où j'ai refusé de retourner en Afghanistan. J'ai l'impression que c'est à partir de ce moment-là que j'ai vraiment commencé à prendre mes propres décisions. C'était vers mes vingt-cinq ans : j'ai commencé à m'intéresser au monde, à autre chose qu'aux belles filles et à ma prochaine bière. J'ai commencé à penser plus large."

CONVERSATiON À DiSTANCE

Dans chaque pays, on entrait dans une vie pour tenter de la raconter, avec sa singularité. Mais avant de se quitter, on posait à tous les mêmes questions. C'était comme les faire dialoguer entre eux pour créer des échos entre leurs souvenirs de jeunes adultes, importants ou plus futiles. Voici des extraits choisis de cette conversation fictive entre nord, sud, est et ouest :

ANDREEA : Il m'a appris à faire de la bicyclette.
SOFIA : Il arrivait toujours à entrer en contact avec moi, me toucher d'une manière ou une autre : un bras, une épaule, j'aimais bien qu'il soit si proche.

SEAN : Elle acceptait qu'on soit différents. Elle n'essayait pas de me changer.
YIANNIS : Elle savait beaucoup de choses.

ANASTASIYA : Si je pouvais choisir un endroit à Riga pour regarder la vue, je choisirais le toit de mon immeuble, parce qu'il y a seize étages.
SOFIA : Le pont devant Saint-Pierre.

SEAN : 3 466 euros.
SOFIA : 900 euros.
AMRA : 140 euros de mes parents et parfois, des sous pour des traductions.
YIANNIS : Je suis étudiant, je donne des cours particuliers pour 15 euros par semaine.

ANASTASIYA : La naissance de mon frère et ma sœur, j'avais douze ans. J'ai compris alors que quelqu'un était né, que je l'aimais déjà, que j'avais envie de le protéger, même si je ne connaissais pas cette personne, je sentais qu'on était déjà proches.
AMRA : Quand je suis capable de vraiment aider quelqu'un. Et bien sûr, une bonne madeleine et un café au lait.

ANDREEA : Celui où je suis tombée follement amoureuse de quelqu'un et je me suis rendu compte que lui ressentait la même chose, qu'il y avait une égalité et qu'on se rejoignait à un point. C'était un moment court, mais un moment de bonheur.

ANASTASIYA : Tchekhov.
SEAN : Tolkien.
SOFIA : Alda Marino.
YIANNIS : Charles Dickens.

FRANCISCO : Machado de Assis.
AMRA : Hermann Hesse.

LAURA : Pour moi, c'est Budapest, parce que quand je suis arrivée là je me suis dit, c'est beau l'Europe, j'ai senti un lien avec l'histoire. Pour moi l'Europe, c'est l'Europe de l'Est.
PAMELA : C'est abstrait, c'est creux. Pour moi c'est les étudiants Erasmus.

YIANNIS : Appartenir à une grande famille.
AMRA : Un idéal qui n'a pas encore été atteint, mais je suis quand même contente qu'elle existe. On peut l'améliorer.

SOFIA : L'Union européenne devrait évoquer beaucoup de choses pour notre génération, mais malheureusement, c'est devenu très négatif, il va falloir se battre parce que c'est notre futur.
ANASTASIYA : C'est les voyages : on est plus ouverts, moins xénophobes. Un point négatif sur l'Union européenne, c'est que la Lettonie est toujours très méconnue, malgré le fait qu'on appartienne à l'Europe, qu'on est supposés être une unité.

ANDREEA : Quelque chose de positif : les droits de l'homme, et de négatif : la condescendance. L'Union européenne, c'est comme un mariage arrangé entre la Roumanie et un mari d'une meilleure famille plus riche qu'elle.
FRANCISCO : L'Union européenne a tellement d'histoires, de cultures et héritages différents… et pourtant, elle voudrait que tous les pays en son sein pensent de la même manière. On ne pourrait pas tous être les mêmes, même si on le voulait !

YIANNIS : Une mentalité, pas une période de la vie. J'espère que je ne deviendrai jamais adulte, mais peut-être qu'un jour, je serai très sérieux ?
SOFIA : Lutte !

ANASTASIYA : « Perdue ».
Chaque génération se considère un peu perdue, c'est le romantisme de la vie : se considérer perdu, ne pas trouver sa place, ça rend les gens peut-être un peu douloureusement créatifs, et parfois ils produisent des belles choses.

FRANCISCO : Il neigeait à Porto, c'était la première fois depuis 30 ans !
ANASTASIYA : C'était imprévu, mes parents étaient très jeunes, mon père avait mon âge, 22 ans, ma mère deux ans de moins. En plus c'était l'année de la chute de l'Union soviétique. Ils m'ont confiée à mes grands-parents pour mes six premières années.

ANDREEA : La peur c'est la frontière, avec le temps on accumule des peurs et ma frontière à moi ce serait la peur de l'avenir.

SOFIA : Celles qui j'essaie d'abattre tous les jours. Je ne suis pas en faveur des frontières, ni pour moi ni pour les autres, je voudrais les ouvrir.

ANASTASIYA : Des chiens. Quand j'en vois un, je me répète dans la tête : "Je n'ai pas peur des chiens, je n'ai pas peur des chiens."
SEAN : De faire de mon mieux, mais que ce ne soit quand même pas assez.
LAURA : Du cancer et du divorce.
PAMELA : J'ai le sentiment qu'on n'est pas préparé, quand on finit ses études, à la vie d'adulte. C'est ma peur pour l'instant, je me dis : "Mais est-ce que je vais arriver à être une vraie adulte comme le veut la société ?"
ANDREEA : De la vieillesse. Je ne la comprends pas et n'ai pas vu de belles vieillesses autour de moi, donc je ne sais pas ce que serait une belle vieillesse.
FRANCISCO : J'ai peur de ne pas avoir le temps de faire tout ce que j'ai envie de faire.

Caroline Gillet est née en 1984 à Bruxelles. Elle est reporter, elle travaille sur des documentaires radio et multimédia, en France et à l'étranger. Après une maîtrise en histoire contemporaine à Bruxelles et un master de journalisme à Sciences Po Paris, elle commence à proposer des reportages pour France Inter et France Culture. En 2011, elle se lance avec Aurélie Charon dans la réalisation de grandes séries documentaires pour France Inter : chaque été pendant trois ans, elles dressent le portrait d'une région et ses enjeux à travers le regard de ses jeunes : d'abord la série "Alger, nouvelle génération" (primée au New York Festival), laquelle a été prolongée par un film diffusé sur TV5 Monde et un web documentaire "Un été à Alger" (prix spécial FIGRA 2013). L'été 2012, le duo lance la série "I like Europe" et enfin "Welcome Nouveau Monde" réalisé entre Sarajevo, Istanbul, Beyrouth et Jérusalem. Caroline continue ensuite "I like Europe" sur un court format pendant deux ans et crée avec Amélie Fontaine des vidéos pour accompagner le projet. En juillet/août 2014, elle produit une émission quotidienne en direct, "Tea Time Club". Il s'agit là de faire dialoguer des personnes dans le monde entier *via* Skype, autour de questions sociétales.
En septembre 2014, toujours pour France Inter, elle se lance dans la série documentaire "À ton âge" qui propose des portraits de personnes toutes les semaines plus âgées.

Amélie Fontaine est née en 1987 à Soissons. Elle vit et travaille à Paris. Après des études de graphisme, elle entre aux Arts décoratifs de Paris où elle apprend la sérigraphie et la gravure. Elle travaille depuis comme dessinatrice, pour la presse *(Libération, Le Monde, Feuilleton, Desports...)* et l'édition jeunesse. Elle a réalisé plusieurs albums, dont *Les Chroniques de la pampa* avec Gwénaël David, *Les animaux manient les mots* avec Gauthier David aux éditions Hélium, et *Les rêvent se cachent-ils sous ton oreiller ?* avec Anne Terral aux éditions Autrement.

Pour les retrouver…

Joe Glenton a écrit un livre intitulé *Soldier Box, Why I Won't Return To The War On Terror* (Verso, 2013)

Andreea Chiricã est l'auteur d'une bande dessinée intitulée *The Year of the Pioneer* (Hardcomics, 2011)

Sofia est sur twitter : @sofiasabatino

Voici le site de **Francisco** : **http://ganhemvergonha.pt/**

Le lien pour voir le travail journalistique de **Pamela** au Rwanda : **http://vimeo.com/68297457**
et le travail artistique de **Laura** : **http://vimeo.com/25542495**

Merci à :

Yiannis et Ceren, Ewa, Anastasiya, Sofia, Francisco, Pamela et Laura
Sean, Amra, Andreea et Joe.

Merci à tous les autres portraiturés de ces deux dernières années qui ne sont pas ici, mais avec lesquels on a passé des moments dingues. *I like Europe* est un projet méga-collectif : merci à ceux qui nous ont accueillies à dîner, à boire des coups, qui nous ont conseillées, hébergées, prêté des écharpes, qui nous ont mises en contact avec des amis d'amis ou qui nous ont aidées pour des traductions.

Merci à Aurélie Charon et tous ceux qui ont participé à la série radio à l'été 2012.
Merci à Christophe Israël, Mariel Bluteau, Hélène Jouan et toute son équipe de la tournée "Tous des Européens" sur France Inter.
Merci à François et Martine, Jill, Élisa et Lola.
Merci à la Fondation Hippocrène, à Euranet et à Press Europe.

Éditrice : Isabelle Péhourticq assistée de Marine Tasso
Directeur de création : Kamy Pakdel
Directeur artistique : Guillaume Berga
Maquette : Amélie Fontaine

© Actes Sud, 2015

ISBN 978-2-330-04818-1
Reproduit et achevé d'imprimer en février 2015 par Printer Portuguesa
pour le compte des éditions ACTES SUD, Le Méjan, Place Nina-Berberova, 13200 Arles
Dépôt légal 1re édition : mars 2015 – Imprimé au Portugal